「ライフイベント別」

マイナンバー・
28年新法
対応済み

社会保険・労働保険の届け出と手続き

特定社会保険労務士 **假谷美香**
特定社会保険労務士 **古川 天** 編著

保険毎日新聞社

CONTENTS

第1章
社会保険・労働保険の基礎……13
1. 社会保険制度とは……14
2. 知らないと困る手続きイロハ……14
3. 社会保険・労働保険に加入しなければならない事業所は?……15

第2章
会社編……17
1. 【社会保険・労働保険】会社を設立したとき……18
- 1-1 【社会保険】会社が社会保険に加入するには?……19
- 1-2 【労働保険】従業員を雇ったら、まず労働保険に加入……24
- 1-3 【雇用保険】雇用保険には誰が加入できますか?……38

2. 会社登記の内容は不変ではありません……42
- 2-1 【社会保険】管轄内での社会保険の手続き……42
- 2-2 【社会保険】管轄外での社会保険の手続き……45
- 2-3 【社会保険】届出内容に変更がある場合の社会保険の手続き……48
- 2-4 【労働保険】労働保険の変更手続き……50
- 2-5 【雇用保険】雇用保険の手続き……52

3. 手続きを本社一括で行うとき……55
- 3-1 【社会保険】本社で社会保険手続きを一括で行いたい……55
- 3-2 【労働保険】本社で労働保険納付手続きを一括で行いたい……61
- 3-3 【雇用保険】本社で雇用保険手続きを一括で行いたい……63

4. 会社を解散(廃止)するとき……65
- 4-1 【社会保険】社会保険の手続き……65
- 4-2 【雇用保険】雇用保険の手続き……67
- 4-3 【労働保険】労働保険の精算手続き……69
- 4-4 【労働保険】労働保険の還付手続き……71

第3章
従業員編……73

1. 従業員を雇ったとき……74
- 1-1 【雇用保険】従業員を雇用保険に加入させる手続き……74
- 1-2 【社会保険】社会保険には誰を加入させますか?……77
- 1-3 【社会保険】被扶養者の手続き……82

2. 従業員が結婚したとき……87
- 2-1 【社会保険】氏名変更届及び住所変更届……87
- 2-2 【雇用保険】氏名変更届……89

3. 従業員が転居……91
- 3-1 【社会保険】健康保険・厚生年金保険の手続き……91
- 3-2 【雇用保険】雇用保険の手続き……94

4. 従業員が転勤したとき……94
- 4-1 【社会保険】転勤したときの手続き……94
- 4-2 【雇用保険】転勤したときの手続き……94

5. 保険証や年金手帳の再交付……96
- 5-1 【社会保険】健康保険証をなくしたら……96
- 5-2 【社会保険】年金手帳をなくしたら……98
- 5-3 【雇用保険】雇用保険被保険者証の再交付……100

6. 高齢者を雇用する場合……102
- 6-1 【雇用保険】高年齢雇用継続給付金……102
- 6-2 【社会保険】年齢で社会保険の扱いが違います……110

7. 従業員が退職したとき……119
- 7-1 【社会保険】健康保険・厚生年金保険の手続き……119
- 7-2 【雇用保険】雇用保険の手続き……125

第4章
会社が毎年行う業務……131

1. 【社会保険】毎月の社会保険料を決定します!……132
- 1-1 毎年全員の標準報酬を決定します「定時決定」……133
- 1-2 時季によって給料が大きく変動しますが、4月から6月の給料で保険料が決まるのですか?「保険者算定」……138
- 1-3 標準報酬月額は1年間変わりませんか?「随時改定」……141

2. 【労働保険(労災保険・雇用保険)】毎年労働保険料を精算します……144

3. 賞与を支払ったら？……146
- 3-1 【社会保険】社会保険での取扱い……146
- 3-2 【労働保険】労働保険での取扱い……149

4. 届出した内容に誤りがありました……149
- 4-1 【社会保険】訂正届は原則ありません……149
- 4-2 【労働保険】労働保険申告書はタテ線で訂正、納付書は訂正禁止!……152
- 4-3 【雇用保険】所定の訂正用紙があります……154

第5章
仕事中（通勤途中）のけが、病気編……157

1. 従業員が仕事中や通勤途中のけがや病気で病院等で診療を受けました……158
- 1-1 【労災保険】仕事が原因で従業員が病院等で診療を受けました……159
- 1-2 【労災保険】通勤途中のけがや病気で従業員が病院等で診療を受けました……164
- 1-3 【労災保険】治療途中で通院中の病院を変えるとき……168

2. 仕事中や通勤途中のけがや病気が原因で会社を休んだら……170
- 2-1 【労災保険】従業員が仕事中のけがや病気で休みました……170
- 2-2 【労災保険】従業員が通勤途中のけがや病気で休みました……179

3. 仕事中や通勤途中のけがや病気が原因で障害が残ったら……181

4. 従業員が仕事中（通勤途中）のけがや病気で死亡したら……185

コラム 【労災保険と健康保険】第三者行為災害……193

第6章
個人のけが、病気編……207

1. 医療費が高額になりました……208
2. 従業員がしばらく休むことになりました……215
3. 従業員やその家族が亡くなりました……220

第7章
出産、育児休業、介護休業編……225

1. 出産、育児休業に関する手続きは、まず"流れ"を押さえましょう ……226

2. 赤ちゃんが生まれます……228
- **2-1** 【社会保険】出産育児一時金……228
- **2-2** 【社会保険】従業員が出産のために会社を休んでいます……234

3. 【社会保険】従業員が産休・育休に入りました。社会保険料はどうなりますか……238

4. 【社会保険】産前産後休業から復帰後 従業員の給料がさがりました……247

5. 【雇用保険】従業員が育児休業に入りました 「育児休業給付金」……250

6. 【社会保険】従業員が育児休業を終了します……255

7. 【社会保険】従業員が育児をしながら働くため 給料がさがりました……257

コラム 【社会保険】3歳までの子供を育てる従業員対象。標準報酬月額が下がる場合にできる手続き……259

8. 【雇用保険】従業員の家族が要介護状態になりました……261

第8章
マイナンバー制度施行にあたっての流れと注意……265

1. マイナンバー制度が施行されました。……266
2. 従業員のマイナンバー、取り扱いの注意……266
3. マイナンバーを利用する社会保険労働保険の手続き……269
4. 雇用保険におけるマイナンバーの取扱い……270
5. 労災保険におけるマイナンバーの取扱い……273

会社と従業員のライフイベント別 手続き早見チャート

会社編

会社を設立したとき
- 会社が社会保険に加入する　……………第2章　1　1-1

初めて従業員を雇ったとき
- 会社が労働保険に加入する　……………第2章　1　1-2
- 会社が雇用保険に加入する　……………第2章　1　1-3

会社が移転したとき
代表者が変更になったとき
- 社会保険の変更手続きをする　…………第2章　2　2-1/2-2/2-3
- 労働保険の変更手続きをする　…………第2章　2　2-4
- 雇用保険の変更手続きをする　…………第2章　2　2-5
- 本社で一括して手続きをする場合　……第2章　3　3-1/3-2/3-3

支店・新工場等開設
新店舗出店
- 社会保険の新規適用手続きをする　……第2章　1　1-1
- 労働保険の新規適用手続きをする　……第2章　1　1-2
- 雇用保険の新規適用手続きをする　……第2章　1　1-3

事業拡大により新業種に進出したとき
- 労働保険の業種変更手続きをする　……第2章　2　2-4

会社を解散したとき(休眠含む)
- 社会保険から脱退する(保険料の清算もする)　………第2章　4　4-1
- 雇用保険から脱退する(保険料の清算もする)　………第2章　4　4-2
- 労働保険から脱退する(保険料の清算もする)　………第2章　4　4-3/4-4

従業員編

入社したとき
- 従業員を社会保険に加入させる……………………第3章　1　1-2
- 従業員を雇用保険に加入させる……………………第3章　1　1-1

結婚・離婚したとき
- 配偶者を扶養に入れる……………………………第3章　1　1-3
- 配偶者の被扶養者の資格を喪失する……………第3章　1　1-3
- 苗字が変わったら社会保険の氏名変更の手続きをする……第3章　2　2-1
- 苗字が変わったら雇用保険の氏名変更の手続きをする……第3章　2　2-2

引っ越したとき
- 住所変更をする……………………………………第3章　3　3-1/3-2

転勤したとき
- 転勤の手続きをする………………………………第3章　4　4-1/4-2

赤ちゃんができたとき
- 出産費用を健康保険に申請する…………………第7章　2　2-1
- 産休中の休業手当をもらう(女性のみ)……………第7章　2　2-2
- 産休中の社会保険免除制度を使う(女性のみ)……第7章　3
- 育休中の社会保険免除制度を使う………………第7章　3
- 育児休業中の給付をもらう…………………………第7章　5

育児休業後復職したとき
- 育児休業終了の届をする…………………………第7章　6
- 給料が下がった場合、社会保険料の改定をする……第7章　4&7

子供が独立することになったとき
配偶者が働き始めたとき
- 社会保険の被扶養者の資格を喪失する…………第3章　1　1-3

家族が亡くなったとき
- 社会保険の被扶養者の資格を喪失する…………第3章　1　1-3
- 健康保険の給付をもらう……………………………第6章　3

病気やけがで会社を休むことになったとき（私傷病）
　　　　　　　健康保険の給付をもらう ……………………………… 第6章　2

負担する医療費が高額になったときまたは高額になりそうなとき
　　　　　　　健康保険の手続を行う …………………………………… 第6章　1

仕事中（通勤途中）にけがをしたとき
　　　　　　　労災保険を使う …………………………………………… 第5章　1＆2

家族の介護をすることになったとき
　　　　　　　介護休業の給付をもらう ………………………………… 第7章　8

60歳年齢に到達したとき
　　　　　　　雇用保険の手続きをする ………………………………… 第3章　6　6-1

定年退職後継続雇用されたとき
　　　　　　　高年齢雇用継続の給付をもらう ………………………… 第3章　6　6-1

70歳になったとき
　　　　　　　厚生年金の不該当の手続きをする …………………… 第3章　6　6-2

75歳になったとき
　　　　　　　従業員の社会保険の資格を喪失させる ……………… 第3章　6　6-2

退職したとき
　　　　　　　従業員の社会保険の資格を喪失させる ……………… 第3章　7　7-1
　　　　　　　従業員の雇用保険の資格を喪失させる ……………… 第3章　7　7-2

従業員が転職したとき
　　　　　　　従業員の社会保険の資格を喪失させる ……………… 第3章　7　7-1
　　　　　　　従業員の雇用保険の資格を喪失させる ……………… 第3章　7　7-2

従業員が亡くなったとき（私傷病）
　　　　　　　従業員の社会保険の資格を喪失させる ……………… 第3章　7　7-1
　　　　　　　従業員の雇用保険の資格を喪失させる ……………… 第3章　7　7-2
　　　　　　　遺族が健康保険の給付をもらう ………………………… 第6章　3

従業員が亡くなったとき(仕事中(通勤途中)のけが、病気)

　　　従業員の社会保険の資格を喪失させる……………………第3章　7　7-1
　　　従業員の雇用保険の資格を喪失させる……………………第3章　7　7-2
　　　遺族が労災保険の給付をもらう……………………………第5章　4

保険証や年金手帳をなくしたとき

　　　保険証の再交付の手続きをする……………………………第3章　5　5-1
　　　年金手帳の再交付の手続きをする…………………………第3章　5　5-2
　　　雇用保険被保険者証の再交付の手続きをする……………第3章　5　5-3

毎年行う手続き 編

社会保険料決定
　　　　　　　　１年に一度従業員を社会保険料を決定する ………………… 4章　1　1-1/1-2
　　　　　　　　給料の増減があったときに保険料を決定する………………… 4章　1　1-3

労働保険料確定
　　　　　　　　1年に一度労働保険料を支払う ………………………………… 4章　2

賞与を支払ったとき
　　　　　　　　賞与時の社会保険料を決定する………………………………… 4章　3　3-1
　　　　　　　　賞与時の労働保険料の取り扱い………………………………… 4章　3　3-2

届出に誤りがあったとき
　　　　　　　　社会保険の届出を訂正する………………………………………… 4章　4　4-1
　　　　　　　　労働保険の届出を訂正する………………………………………… 4章　4　4-2
　　　　　　　　雇用保険の届出を訂正する………………………………………… 4章　4　4-3

誕生日チェック

- **40歳**………介護保険　加入
- **60歳**………雇用保険　六十歳到達時等賃金証明書
- **64歳**………4月1日 雇用保険　高年齢免除
- **65歳**………介護保険　喪失(第2号被保険者から第1号へ)
- **70歳到達**…厚生年金保険　喪失
- **75歳到達**…健康保険　喪失

第 1 章
社会保険・労働保険の基礎

1. 社会保険制度とは

　社会保険制度とは、私たち国民がどんなときでも安心して暮らすことができるよう、病気・ケガ・出産・死亡・老齢・障害・失業など生活の困難をもたらすいろいろな事故（保険事故）に遭遇した場合に一定の給付を行い、その生活の安定を図ることを目的とした強制加入の保険制度です。

2. 知らないと困る手続きイロハ

　会社が加入しなければならない社会保険は、狭義の意味で社会保険と労働保険の2つに分類されます。

【社会保険・労働保険の区分】

社会保険	①健康保険 業務外のケガや病気、出産時の医療費の補助や、それに伴う休業時に一部補助を受けることができる保険です。	
	②介護保険 介護状態となったときに、自立した生活が送れるような支援を受けることができる保険です。	
	③厚生年金保険 老後や、障害状態となったとき、夫（妻）が死亡したとき等に、年金を受け取り、安定した生活を送るための保険です。	
労働保険	④雇用保険 従業員が失業した際に、一定期間手当を受けることができる保険です。また育児・介護期間や高齢を理由に従業員の給料が下がった場合、雇用を継続できるように給付を受けることができます。	
	雇用保険の被保険者の種類	
	一般被保険者	高年齢継続被保険者、短期雇用特例被保険者および日雇労働被保険者以外の被保険者
	高年齢継続被保険者	同一の事業主の適用事業に被保険者として65歳に達した日の前日から引き続いて65歳に達した日以後の日において雇用されている被保険者（平成29年1月以降満65歳以上の被保険者は「高年齢被保険者」になります）
	短期雇用特例被保険者	季節的に雇用される者のうち次のいずれにも該当しない者 イ）4カ月以内の期間を定めて雇用される者 ロ）1週間の所定労働時間が30時間未満である者
	日雇労働被保険者	日々雇用される者または30日以内の期間を定めて雇用される者
	⑤労災保険 業務上、通勤時のケガや病気の医療費の補助や、それに伴う休業時に一部補助を受けることができる保険です。従業員が死亡した場合、遺族を援護します。	

3. 社会保険・労働保険に加入しなければならない事業所は?

【社会保険(健康保険・介護保険・厚生年金保険)】

　日本の社会保険は、"国民一人ひとりの生活を底上げしましょう"という趣旨のもとに作られています。例を挙げるなら、医療制度の「国民皆保険」や年金制度の「国民皆年金」制度です。国民皆保険とは、日本国民であれば必ず何らかの医療制度に加入し、皆が安価(医療費の1割から3割の自己負担)で等しく医療を受けられるようにする制度です。また、「国民皆年金」は、働き盛りの現役世代が、リタイア世代の生活を支える目的でつくられた制度です。所得再分配制度の一種と考えれば分かりやすいでしょう。この社会保険制度の一翼を担うために企業には強制加入、すなわち法律で社会保険に加入しなければならないというルールが課されています。一方、個人事業主は法人格をもたない組織であるため加入要件が一部緩和されます。

　以下に、個人事業所※と法人事業所の加入要件の違いを記します。

※**事業所**とは、事業を行っているところ(所在地)を指します。

〈社会保険加入要件〉

　(1) 常時従業員を使用する国、地方公共団体または法人の事業所または事務所
　(2) 以下のうち、常時5人以上の従業員を使用する個人事業所 (16業種)

> ①物の製造、加工、選別、包装、修理または解体の事業
> ②土木、建築その他工作物の建設、改造、保存、修理、変更、破壊、解体またはその準備の事業
> ③鉱物の採掘または採取の事業
> ④電気または動力の発生、伝導または供給の事業
> ⑤貨物または旅客の運送の事業
> ⑥貨物積卸しの事業
> ⑦焼却、清掃またはとさつの事業
> ⑧物の販売または配給の事業
> ⑨金融または保険の事業
> ⑩物の保管または賃貸の事業
> ⑪媒介斡旋の事業
> ⑫集金、案内または広告の事業
> ⑬教育、研究または調査の事業
> ⑭疾病の治療、助産その他医療の事業
> ⑮通信または報道の事業
> ⑯社会福祉法(昭和26年法律第45号)に定める社会福祉事業及び更生保護事業法(平成7年法律第86号)に定める更生保護事業

※個人事業主であっても上記以外の一部のサービス業は強制適用事業所ではありません。

【労働保険（雇用保険・労災保険）】

　正社員・アルバイト・パートの区分に関係なく従業員を１人でも使用する場合、一部例外となる事業を除く事業所は労働保険に必ず加入しなければなりません。ただし、以下のいずれかにあてはまる従業員は雇用保険に加入することができません。

（１）１週間の労働時間が20時間未満の者
（２）雇用期間が31日未満の者

【労働保険の例外（暫定任意適用事業）】

　農林水産事業のうち、労働者の人数が５人未満の個人経営の場合は、労働保険に加入するか否かを事業所で選択することができます。これらの事業のことを労働保険の「暫定任意適用事業」といいます。なお、労災保険では、農業に限って事業主が特別加入する場合は、労働者の人数が５人未満であっても適用事業となりますので注意が必要です。

第 2 章
会社編

1。【社会保険・労働保険】会社を設立したとき

　株式会社や有限会社などの法人格を持った会社を設立したときや、初めて社会保険や労働保険に加入するときの手続きです。

> **手続きのポイント〈こんなことに注意！〉**
>
> ◎それぞれの保険について、加入しなければならない会社や加入しなければならない従業員が違います。
> ◎手続きの申請先も違います。

　各保険には、加入しなければならない人の条件が法律で定められています。また、手続きの窓口（書類の提出先）が保険によって違いますので注意しましょう。

【保険加入の対象者と窓口】

保険の種類	保険加入対象者			窓口
	正社員	パートタイマー	社長・役員	
健康保険	○ 75歳未満	△（※1）所定労働時間が正社員の3/4以上	△ 75歳未満	年金事務所or協会けんぽ（健康保険組合）
介護保険	○ 40歳以上65歳未満	△ 健康保険に加入している人で40歳以上65歳未満	△ 健康保険に加入している人で40歳以上65歳未満	
厚生年金保険	○ 70歳未満	△（※1）所定労働時間が正社員の3/4以上で70歳未満	△ 70歳未満	年金事務所
労災保険	◎	◎	×（※2）（役員は、労働者性が認められれば○）	労働基準監督署
雇用保険	○ 65歳未満で入社した人	△ 65歳未満で入社した人で、所定労働時間が1週20時間以上かつ、31日以上の雇用の見込みがある	×（※3）（役員は、65歳未満で入社した人、労働者性が認められれば兼務役員として○）	ハローワーク

（※1）平成28年10月から大企業で就労するパートタイマーの加入要件が変更されます。
（※2）中小企業の社長・役員は、中小事業主等として特別加入が認められます。
（※3）平成29年1月以降は年齢による加入要件がなくなります
　　　◎全従業員が加入する必要あり　○一部加入の必要あり　△一定の要件を満たせば加入できる　×加入できない

1-1 【社会保険】会社が社会保険に加入するには?

手続きのポイント〈こんなことに注意!〉

◎登記簿謄本の原本が必要(手続き日から遡って90日前以内のもの)
◎登記上の所在地と事業を行っている所在地は同じですか?
◎被保険者の資格取得の手続きも必要です!

　法人格を持つ組織(株式会社、有限会社、一般社団法人、NPO法人等)は、必ず社会保険に加入しなければなりません。また、個人事業所であっても常時5人以上の従業員を雇用している場合も加入義務があります(ただし、5人以上の従業員を雇用している個人事業所であっても、サービス業の一部や農業、漁業等は除外されます)。(16ページ参照)

　社会保険に加入するには、「健康保険厚生年金保険新規適用届」を年金事務所に提出します。この書類に申請する会社の住所は、原則として実際に事業を行っている所在地です。しかし、登記上で記載されている所在地と実際に事業を行っている所在地が異なるケースや、登記簿謄本で記載されている所在地には常駐している従業員がいないというケースがあります。年金事務所から事業所へ定期的に郵送物が送られて来ますので、こういった場合どこを拠点として事業を行っているかを年金事務所が正確に把握する必要があります。よって、実際に事業を行っている建物の賃貸借契約書のコピー等を一緒に提出しなければなりません。

　また、会社の加入とともに、社会保険の被保険者に該当する役員や従業員がいる場合は、一緒に資格取得の手続きを行う必要があります(詳細は「第3章1-2．社会保険には誰を加入させますか?」(77ページ参照)。

　毎月の社会保険料は翌月末日までに納付しなければなりません。便利な保険料口座振替制度がありますし、申出をすればいつでも口座振替納付に切り替えることができます。口座振替納付申出書には金融機関の確認印が必要です。年金事務所に提出する前に金融機関口座の確認印を受けてください。

届出書類　：健康保険 厚生年金保険 新規適用届
提出先　　：所轄年金事務所または電子申請可
添付書類　：≪法人事業所の場合≫
　　　　　　①登記簿謄本(手続き日より遡って90日以内に発行されたもの)(コピー不可)

②賃貸借契約書（登記上の所在地と事業を行っている所在地が異なる場合のみ）のコピー

③健康保険 厚生年金保険 被保険者資格取得届

④健康保険　厚生年金保険　保険料口座振替納付（変更）申出書（口座振替を希望する場合）

≪個人事業所の場合≫

①事業主の世帯全員の住民票（個人番号の記載がないもの）

②賃貸借契約書のコピー（住民票の住所と事務所が異なる場合）

③健康保険厚生年金被保険者資格取得届

④健康保険　厚生年金保険　保険料口座振替納付（変更）申出書（口座振替を希望する場合）

提出期限　：事実発生から5日以内

様式入手元：全国年金事務所窓口および日本年金機構Webサイト

【記入例 健康保険 厚生年金保険 新規適用届 （表）】

届書コード 1 0 1

健康保険 厚生年金保険 新規適用届

① 事業所整理記号
② 管轄区分
③ 業態区分
④ 事業の種類：出版業
⑤ 適用年月日

⑥ 郵便番号：101-0032
⑦ 事業所所在地（フリガナ：トウキョウトチヨダクイワモトチョウ1-4-7）：東京都千代田区岩本町1-4-7

⑧ 事業所名称（フリガナ：カブシキガイシャホマイサービス）：株式会社保毎サービス

⑨ 事業所の電話番号：03-3865-9999　内線：鈴木

⑩ 事業主（又は代表者）氏名（フリガナ：ホマイタロウ）：代表取締役 保毎 太郎

⑪ 事業主（又は代表者）住所：東京都千代田区岩本町9-9-9

⑫ 定期給与

⑬ 賞与支払予定月：1回目 08　2回目 12　3回目　4回目　無 0 有 1

⑭ 事業主代理人

⑮ 算定基礎届・賞与届・事業所非該当承認申請書等の用紙作成
0. 不要　1. 電子媒体（CD）必要　2. 事業所

⑯ 算定基礎届・賞与届・事業所非該当承認申請書等の用紙作成
0. 不要　1. 電子媒体（CD）必要　2. 事業所

⑰ 健康保険組合名

⑱ 厚生年金基金番号
⑲ 厚生年金基金名

⑳ 被保険者数
㉑ 適用種別

㉒ 法人番号等区分：1 法人　2 個人　3 国・地方公共団体
㉓ 法人番号：1 2 3 4 5 6 7 8 9 9 9 9 9（2 会社法人等番号）
㉔ 本・支店区分：1 本店　2 支店
㉕ 内・外国区分：1 内国法人　2 外国法人

社会保険労務士の提出代行者印　㊞

平成 28 年 4 月 5 日提出

裏面も記入してください

1.【社会保険・労働保険】会社を設立したとき　21

【記入例　健康保険　厚生年金保険　新規適用届　（裏）】

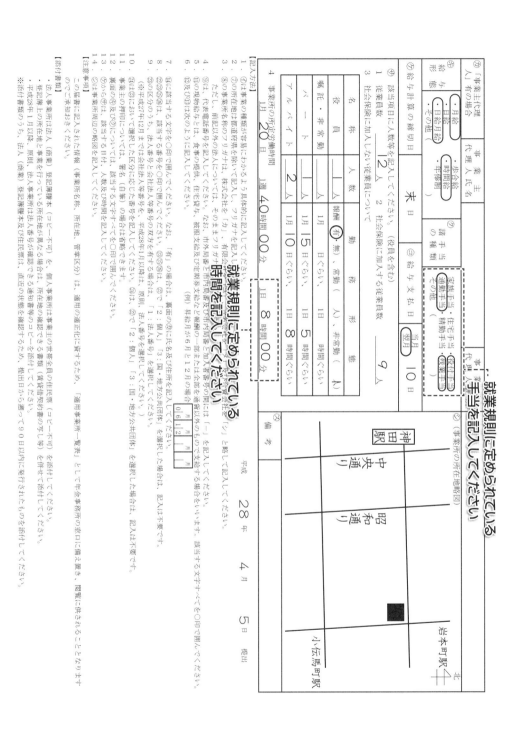

【記入方法】
1. ①法事業の種類が容易にわかるよう具体的に記入してください。
2. ⑦の所在地は都道府県を除いて記入し、フリガナを記入してください。
3. ⑧の事業所名称のフリガナは、株式会社、有限会社等法人の種類を示す文字を除いたところからフリガナをつけてください。
　　ただし、前記以外の法人についてはその主たるフリガナをつけてください。
4. ⑨は、代表電話番号を記入してください。なお、市外局番と市内局番及び番号の間は「－」で区切ってください。
5. ⑩の現物給与とは、食事の提供、住宅貸与、被服支給等を報酬の一部または全部を補給された現物で支給をいいます。該当する文字すべてを○印で囲んでください。
6. ⑫及び⑬は次のように記入してください。
　　（例）料金月が6月と12月の場合　|0|6|1|2|月
7. ⑭に該当する文字を○印で囲んでください。
8. ⑮の⑦は、裏面の②に氏名及び所在地を記入してください。
9. ②②③④は、該当する番号を○印で囲んでください。なお、⑥の「2：個人」、「3：国・地方公共団体」を選択した場合は、記入は不要です。
　　（令和27年12月1日以降は、法人番号等の及び方を記入した法人番号をご記入ください。原則、法人番号は「1：法人番号」「3：国・地方公共団体」を選択した場合、記入は不要です。）
10. ②は②において選択した区分に応じた番号を、該当する文字すべてを○印で囲んでください。
11. ②②③④の事業所の用所については、番号を（自署）、署名する場合は、該当する文字すべてを○印で囲んでください。
12. 事業の名称⑤は、法人事業所のうち、法人番号等の確認を行っている法人番号等の及び方を記入してください。
13. ⑥のその他は、該当する事項を記入してください。
14. ⑭事業所周辺の略図を記入してください。

【注意事項】
　　この届書に記入された情報（事業所の名称、所在地、管轄区分）は、適用の適正化に資するため、「適用事業所一覧表」として年金事務所の窓口に備え置き、閲覧に供されることになりますのでご承知おきください。

【添付書類】
・法人（商業）登記簿謄本（コピー不可）を、所在地、営業区分が、個人事業主が行っている場合は、所在地の確認できる書類（賃貸借契約書の写し等）を添付してください。
・登記事項上の所在地と事業を行っている所在地が異なる場合は、所在地の確認できる書類（賃貸借契約書の写し等）を添付してください。
・平成28年1月以降、同居、同居以外の扶養親族を事業主の世帯主の住民票（コピー不可）を添付してください。
　　個人事業所の場合は、適用事業主の世帯全員の住民票（コピー不可）を、事業主の世帯主の住民票、個人事業主が行っている場合は、所在地の確認できる書類（賃貸借契約書の写し等）を添付してください。
※添付書類のうち、法人（商業）登記簿謄本及び住民票は、直近の状態を確認するため、提出日から遡って90日以内に発行されたものを添付してください。

【記入例 保険料口座振替納付(変更)申出書】

届書コード	届書
5 9 3	

(年金事務所用)

決裁		年 月 日
事務センター長所長	副事務センター長副所長	グループ長課長	担当者

健康保険 厚生年金保険 **保険料口座振替納付(変更)申出書**

平成 28年 4月 2日

中央 年金事務所長 あて

★口座振替を希望する金融機関へ提出して確認印を受けてください。

金融機関の確認印
確認印

事業所所在地　東京都千代田区岩本町1-4-7
(フリガナ)　カブシキガイシャホマイサービス
事業所名称　株式会社保毎サービス
(フリガナ)　ダイヒョウトリシマリヤク ホマイ タロウ
代表者氏名　代表取締役 保毎太郎 　(事業主印)
　　　　　　　　　　　　(事業所代表者印)
電話番号 (03) 3865-9999

(預金口座は、年金事務所へお届けの所在地、名称、代表者氏名と口座名義が同一のものを指定してください。)

私は、下記により保険料等を口座振替によって納付したいので、保険料額等必要な事項を記載した納入告知書は、指定の金融機関宛送付してください。

新規適用時など事業所整理記号が決まっていない場合は空欄にしておく

1. 事業所整理記号・指定預金口座等

1. 預金種目は、普通預金の場合「1」、当座預金の場合「2」に○を付けてください。
2. 口座番号は右づめで記入し、残りは「0」を記入してください。

2. 口座振替を希望する金融機関 (納入告知書送付先)

郵便番号	1 0 4 0 0 3 1	ゆうちょ銀行やインターネット専業銀行等、一部お取扱いできない金融機関があります。

金融機関	フリガナ	トウキョウトチュウオウク キョウバシ 9-9-9
	所在地	東京都中央区京橋9-9-9
	フリガナ	エチゴ
	名称	えちご　銀行／信用金庫／信用組合／農協／労働金庫／漁協　京橋　本店／支店／本所／支所

受付日付印

3. 対象保険料等　健康保険料、厚生年金保険料及び児童手当拠出金
4. 振替納付指定日　納期の最終日(休日の場合は翌営業日)
5. 振替開始(希望)　平成28年 4月分保険料(平成28年 5月31日納付分)から
　　　　　　　　　(例)平成○年5月分保険料(平成○年6月30日納付分)から

注) 1. ※欄は記入しないでください。
　 2. 口座振替を希望する金融機関、指定預金口座等を変更するときは、直ちにこの用紙によりお届けください。
　 3. 提出された時期により、振替開始(希望)月が翌月以降になることがありますのでご了承ください。

1-2 【労働保険】従業員を雇ったら、まず労働保険に加入

　パートやアルバイトなどの臨時雇用であっても、労働保険に加入させなければなりません。万が一労働保険に加入していない期間中に事故が発生すれば事業主にはペナルティが課されます。

◎労働者を一人でも雇ったら「労働保険」にまず加入！
◎「労災保険料」は会社が全額負担！
◎労働保険料の申告期間は毎年6月1日から7月10日までです。
◎労働保険料は、金額に応じて分割納付もOK！

1.労働保険の種類と加入要件

　労働保険には、労災保険と雇用保険があります。雇用保険には加入要件があり、加入できる従業員が決まっていますが、労災保険はパートやアルバイトに関わらず加入させなければなりません。（労働保険の「暫定任意適用事業」を除きます。）よって、従業員を一人でも雇っていれば労働保険適用事業となります。

　労働保険には以下の2種類の適用種類があります。それぞれ手続きの方法が異なりますので、注意しましょう。

　①一元適用事業……労災保険と雇用保険の保険料の申告・納付等に関して両保険を一元的（一緒）に取り扱う事業で、二元適用事業にあてはまらない事業をいいます。
　②二元適用事業……事業の実態から、労災保険と雇用保険の適用を区別する必要があり、両保険の保険料の申告・納付等を二元的（別々）に行う事業です。農林水産・建設業等があてはまります。

2.労働保険への加入

　労働保険に加入する場合、従業員を雇った日（保険関係が成立した日）の翌日から起算して10日以内に「労働保険保険関係成立届」を所轄労働基準監督署に提出します。

　労働保険料（労災保険料・雇用保険料）は年度（4月1日から翌年3月31日まで）で計算し、最初に『今年度はこれくらい労働保険料が発生しそうだ』という概算額を先に都道府県労働局に納付します（初年度の概算労働保険料は、保険関係が成立した日からその年度の末日までの従業員に支払う給料の総額の概算額に保険率を乗じて得た額です）。この概算労働保険料と年度が終了した後できちんと計算した労働保険料（確定労働保険料）の差額を毎年6月1日から7月10日までに納付します。

概算労働保険料が多いときは、次年度の労働保険料に充当したり、充当しきれない場合や事業を廃止する場合は還付を受けられます。還付の際は労働保険料の還付請求手続きが必要です。(「第2章4-3.【労働保険】労働保険の精算手続」69ページ参照)二元適用事業の場合、労災保険と雇用保険の保険関係を別々に成立させなければなりません。

　概算および確定の労働保険料の計算方法は一元適用事業、二元適用事業ともに同じですが、労災保険率は業種によって異なります。危険度の高い業種は労災保険率が高く、危険度の低い業種は労災保険率が低く設定されています。

　よって、工場部門や事務部門など異なる業種を持つ事業所は、それぞれ労災保険率が異なるため、業種ごとに労働保険加入手続きを行なわなければなりません。

【労災保険率（H27.4）】

（単位：1/1,000）　　　　　　　　　　　　　　　　　　　　　　　　　　（平成27年４月１日施行）

事業の種類の分類	業種番号	事業の種類	労災保険率
林業	02又は03	林業	60
漁業	11	海面漁業（定置網漁業又は海面魚類養殖業を除く。）	19
	12	定置網漁業又は海面魚類養殖業	38
鉱業	21	金属鉱業、非金属鉱業（石灰石鉱業又はドロマイト鉱業を除く。）又は石炭鉱業	88
	23	石灰石鉱業又はドロマイト鉱業	20
	24	原油又は天然ガス鉱業	3
	25	採石業	52
	26	その他の鉱業	26
建設事業	31	水力発電施設、ずい道等新設事業	79
	32	道路新設事業	11
	33	舗装工事業	9
	34	鉄道又は軌道新設事業	9.5
	35	建築事業（既設建築物設備工事業を除く。）	11
	38	既設建築物設備工事業	15
	36	機械装置の組立て又は据付けの事業	6.5
	37	その他の建設事業	17
製造業	41	食料品製造業　　41　食料品製造業（たばこ等製造業を除く。）　　65　たばこ等製造業　※	6
	42	繊維工業又は繊維製品製造業	4.5
	44	木材又は木製品製造業	14
	45	パルプ又は紙製造業	7
	46	印刷又は製本業	3.5
	47	化学工業	4.5
	48	ガラス又はセメント製造業	5.5
	66	コンクリート製造業	13
	62	陶磁器製品製造業	19
	49	その他の窯業又は土石製品製造業	26
	50	金属精錬業（非鉄金属精錬業を除く。）	7
	51	非鉄金属精錬業	6.5
	52	金属材料品製造業（鋳物業を除く。）	5.5
	53	鋳物業	18
	54	金属製品製造業又は金属加工業（洋食器、刃物、手工具又は一般金物製造業及びめっき業を除く。）	10
	63	洋食器、刃物、手工具又は一般金物製造業（めっき業を除く。）	6.5
	55	めっき業	7
	56	機械器具製造業（電気機械器具製造業、輸送用機械器具製造業、船舶製造又は修理業及び計量器、光学機械、時計等製造業を除く。）	5.5
	57	電気機械器具製造業	3
	58	輸送用機械器具製造業（船舶製造又は修理業を除く。）	4
	59	船舶製造又は修理業	23
	60	計量器、光学機械、時計等製造業（電気機械器具製造業を除く。）	2.5
	64	貴金属製品、装身具、皮革製品等製造業	3.5
	61	その他の製造業	6.5
運輸業	71	交通運輸事業	4.5
	72	貨物取扱事業（港湾貨物取扱事業及び港湾荷役業を除く。）	9
	73	港湾貨物取扱事業（港湾荷役業を除く。）	9
	74	港湾荷役業	13
電気、ガス、水道又は熱供給の事業	81	電気、ガス、水道又は熱供給の事業	3
その他の事業	95	農業又は海面漁業以外の漁業	13
	91	清掃、火葬又はと畜の事業	12
	93	ビルメンテナンス業	5.5
	96	倉庫業、警備業、消毒又は害虫駆除の事業又はゴルフ場の事業	7
	97	通信業、放送業、新聞業又は出版業	2.5
	98	卸売業・小売業、飲食店又は宿泊業	3.5
	99	金融業、保険業又は不動産業	2.5
	94	その他の各種事業	3
	90	船舶所有者の事業	49

※　平成27年４月１日から、「65　たばこ等製造業」は、「41　食料品製造業」に統合されます。

[概算保険料の計算　例)木製品製造業を行っている会社の場合]
工場勤務者　20名

$$10,000万円 \times \frac{14}{1,000} = 140万円$$

（1年間の総賃金見込）　　（製造業労災保険率）

事務勤務者5名

$$2,500万円 \times \frac{3}{1,000} = 75,000円$$

（1年間の総賃金見込）　　（その他の各種事業労災保険率）

●平成28年3月31日までの雇用保険料率

	雇用保険料率合計	労働者負担分	事業主負担分
一般の事業	13.5/1000	5/1000	8.5/1000
農林水産・清酒製造の事業	15.5/1000	6/1000	9.5/1000
建設の事業	16.5/1000	6/1000	10.5/1000

●平成28年4月1日以降の雇用保険料率

	雇用保険料率合計	労働者負担分	事業主負担分
一般の事業	11/1000	4/1000	7/1000
農林水産・清酒製造の事業	13/1000	5/1000	8/1000
建設の事業	14/1000	5/1000	9/1000

　概算保険料は一括納付が原則ですが、概算保険料が40万円（労災保険か雇用保険のどちらか一方の保険関係のみ成立している二元適用事業の場合は20万円）以上の場合または、労働保険の事務を「労働保険事務組合」に委託している場合は納付を3回に分けることもできます。

【労働保険料納付期限】

	すでに成立している事業場			4月1日～5月31日に成立した事業場			6月1日～9月30日に成立した事業場	
	第1期	第2期	第3期	第1期	第2期	第3期	第1期	第2期
期間	4月1日〜7月31日	8月1日〜11月30日	12月1日〜3月31日	成立した日〜7月31日	8月1日〜11月30日	12月1日〜3月31日	成立した日〜11月30日	12月1日〜3月31日
納付期限	7月10日	10月31日（11月14日）	1月31日（2月14日）	成立した日の翌日から50日（※）	10月31日（11月14日）	1月31日（2月14日）	成立した日の翌日から50日（※）	1月31日（2月14日）

（ ）の日付は事務組合に委託している場合です。
※年度途中に新規成立した事業場については、期間の算定に初日を参入しません。

[メリット制]

　職場の安全に配慮し、一度も事故や災害が起きたことのない職場や、労災事故が起きないよう災害防止努力をしている事業所もあります。

　そこで、労災保険制度では、保険料負担の公平性の確保と、労働災害防止努力の促進を目的として、事業場※ごとの労働災害の多寡に応じて、一定の範囲内で労災保険率または労災保険料額を増額させる制度があります。これを、「労災保険のメリット制」といいます。メリット制が採用されるとメリット制適用の保険料率が印字された申告書が送付されます。事業所で計算をする必要がないので、ここでの計算方法の説明は割愛します。適用された保険料率に疑問がある場合は所轄の労働基準監督署で確認してください。

※**事業場**とは、「一定の場所での組織的な作業のまとまり」を指します。

[労災保険未加入の際のペナルティ]

　事業主が故意または重大な過失により労災保険の成立手続きを行わない期間中に、業務災害あるいは通勤災害が発生した場合、ペナルティとして労災保険給付額の100％または40％が事業主から徴収されます。労働保険制度は、万が一従業員が事故や災害に遭っても生活に不安なく、しっかり療養に専念するための制度です。安心で働きやすい職場環境の第一歩としてきちんと手続きを行いましょう。

〈継続事業の場合〉

届出書類　：労働保険保険関係成立届［様式第1号（第4条、第60条、附則第2条関係）］
　　　　　　労働保険概算保険料申告書［様式第6号（第24条、第25条、第33条関係（甲）］
提出先　　：一元適用事業の場合……所轄労働基準監督署

　　　　　　　二元適用事業の場合……（労災保険）所轄労働基準監督署窓口または電子申請も可
　　　　　　　　　　　　　　　　　（雇用保険）所轄公共職業安定所窓口または電子申請も可

添付書類　：
　　　　　≪法人事業所の場合≫……登記簿謄本（コピーでも可）
　　　　　※登記上の所在地と異なる場合、所在地確認のため賃貸借契約書の写しを添付

　　　　　≪個人事業所の場合≫……代表者の住民票（コピーでも可。個人番号の記載のないもの）
　　　　　※賃貸借契約書のコピー（事務所の住所が異なるとき）

　　　　　※二元適用事業の場合は先に労災保険の労働保険成立届を所轄労働基準監督署に提出します。その後労働基準監督署の受付印が押された労働保険保険関係成立届のコピーとともに雇用保険の労働保険成立届を公共職業安定所に提出します。

提出期限　：労働保険保険関係成立届……保険関係が成立した日の翌日から起算して10日以内
　　　　　　労働保険概算保険料申告書……保険関係が成立した日から50日以内

様式入手元：所轄労働基準監督署

【記入例　労働保険　保険関係成立届】

【記入例　労働保険概算保険料申告書　一元適用】

印字されていますので管轄の労働局の申告書を使用してください

継続事業の場合概算保険料が40万円以上（二元適用事業の場合は20万円以上）であれば3回に延納することができます

書類は複写式です。2枚目も押印してください。

1．【社会保険・労働保険】会社を設立したとき

【記入例　労働保険　概算保険料申告書　二元適用（現場労災）】

二元適用事業のため労災保険と雇用保険は別々に申告します

書類は複写式です。2枚目も押印してください。

【記入例　労働保険　概算保険料申告書　二元適用（雇用保険）】

1．【社会保険・労働保険】会社を設立したとき

【記入例　労働保険概算保険料申告書　二元適用（事務所労災）】

二元適用事業のため
労災保険と雇用保険は
別々に申告します

二元適用事業（農林・水産・
建設・港湾等の事業）であっても、
従業員が従事している事業
または作業の種類を記入してください。

書類は複写式です。
2枚目も押印してください。

[有期事業の一括について]

　労働保険には、継続事業と有期事業があります。

　継続事業とは、永続的に事業が運営されている状態をいい、通常の会社は継続事業になります。

　有期事業とは、建設の事業のように、ある一定の期間を区切って行われる事業をいいます。

　継続事業の場合は、保険料の計算を

　賃金総額×保険料率

で計算をしますが、

　有期事業の場合は、請負会社や孫請会社なども建設現場に入っており、その現場で業務災害が起こった場合には、元請の会社の労災を使うことになっています。これは、現場の安全管理は元請が責任をもって管理するという意味も込められています。

　よって、有期事業の場合賃金総額を、

　賃金総額＝消費税を除く請負金額×労務費率

で算出します。

　ちなみに、有期事業の一括の要件は、以下の通りです。

　以下のすべての要件を満たした場合に、有期事業の一括が認められます。

(1) 事業主が同一人であること。
(2) それぞれの事業が建設の事業または立木の伐採の事業であること。
(3) それぞれの事業の規模が、概算保険料を試算してみた場合、その額が160万円未満であって、かつ、建設の事業においては、請負金額（税抜き）が1億8,000万円未満、立木の伐採の事業においては、素材の見込生産量が1,000立方メートル未満であること。
(4) それぞれの事業の種類が、建設の事業においては、労災保険率表上の事業の種類と同一であること。
(5) それぞれの事業に係る保険料納付の事務所が同一で、かつ、それぞれの事業が、その一括事務所の所在地を管轄する都道府県労働局の管轄区域、またはそれと隣接する都道府県労働局の管轄区域内で行われるものであること。
　※ただし、機械装置の組立てまたは据付けの事業は全国で可です。

【労務費率表】

(平成27年4月1日改定)　【参考】

事業の種類の分類	事業の種類	労務費率	平成24〜26年度の労務費率
建設事業	水力発電施設、ずい道等新設事業	19%	18%
	道路新設事業	20%	20%
	舗装工事業	18%	18%
	鉄道又は軌道新設事業	25%	23%
	建築事業(既設建築物設備工事業を除く。)	23%	21%
	既設建築物設備工事業	23%	22%
	機械装置の組立て又は据付けの事業　組立て又は取付けに関するもの	40%	38%
	その他のもの	22%	21%
	その他の建設事業	24%	23%

＜有期事業の一括＞

届出書類　：労働保険保険関係成立届［様式第1号（第4条、第60条、附則第2条関係）］
　　　　　　労働保険概算保険料申告書［様式第6号（第24条、第25条、第33条関係）(乙)］
提出先　　：所轄労働基準監督署
添付書類　：不要
提出期限　：労働保険保険関係成立届……保険関係が成立した日の翌日から起算して10日以内
　　　　　　労働保険概算保険料申告書……保険関係が成立した日から50日以内

【記入例　労働保険概算保険料申告書（有期事業）】

〈こんなことも知っておくと便利！〉

「労災保険」は労働者のための保険なので、事業主は加入することができません。しかし、中小企業の事業主は時に従業員とおなじ仕事をすることがあります。そんなときに事業主が事故・災害に遭ってしまっても、何も補償がありません。そこで中小企業に限定して事業主も特別に加入できる労災保険制度があります。

ここもcheck!!

事業主でも特別に労働保険制度に加入できる制度を「特別加入」といいます。
特別加入できる中小事業主等と認められる企業規模は次表のとおりです。

業種	労働者数
金融業、保険業、不動産業、小売業	50人以下
卸売業、サービス業	100人以下
上記以外の業種	300人以下

特別加入をするには、労働保険事務組合に加入する必要があります。お近くの労働保険事務組合は、所轄労働基準監督署に問い合わせてください。

1-3 【雇用保険】雇用保険には誰が加入できますか？

従業員を１人でも雇用する事業は、その業種・規模等を問わずすべて雇用保険の適用事業となります！

手続きのポイント〈こんなことに注意！〉

◎労働保険関係成立手続きの後でなければ、雇用保険適用事業所設置届の手続きはできません
◎設置届と一緒に被保険者の加入手続きが必要です！

従業員を雇用保険に加入させるには、加入手続きをする前に雇用保険適用事業所設置届を公共職業安定所に提出しなければなりません。ただし、労災保険と異なり、雇用保険に加入するためには一定の条件があります。（詳細は「第３章１－１【雇用保険】従業員を雇用保険に加入させる手続き」74ページ参照）

雇用保険適用事業所設置届の提出と一緒に被保険者の加入（資格取得）の手続きを行っ

てください。

届出書類　：雇用保険適用事業所設置届［様式番号なし］
提出先　　：所轄公共職業安定所窓口または電子申請も可
添付書類　：①　労働保険保険関係成立届（事業主控）
　　　　　　②　≪法人事業所の場合≫……会社（事業所）の登記簿謄本（コピーでも可）
　　　　　　　　※登記上の所在地と異なる場合は「賃貸借契約書」のコピー

　　　　　　　　≪個人事業所の場合≫……代表者の住民票（免許証・住民基本台帳カードも可
　　　　　　　　※住民票は個人番号の記載のないもの
　　　　　　　　※住所が異なる場合は「賃貸借契約書」のコピー

　　　　　　③　事業実態を確認できる客観的書類（事業開始等申告書、給与支払事務所の開設届出書、各種営業許可書、納品書、公共料金の請求書等）
提出期限　：適用事業所となった日の翌日から起算して10日以内

【記入例　雇用保険適用事業所設置届　(表)】

雇用保険適用事業所設置届

（必ず第2面の注意事項を読んでから記載してください。）

※ 事業所番号

下記のとおり届けます。

飯田橋 公共職業安定所長 殿

平成 28年 4月 4日

帳票種別：12001
1. 法人番号（個人事業の場合は記入不要です。）：0123456789999

2. 事業所の名称（カタカナ）：カブシキガイシヤホマイサービス
事業所の名称〔続き（カタカナ）〕：

3. 事業所の名称（漢字）：株式会社保毎サービス
事業所の名称〔続き（漢字）〕：

4. 郵便番号：101-0032

5. 事業所の所在地（漢字）※市・区・郡及び町村名：千代田区岩本町
事業所の所在地（漢字）※丁目・番地：1-4-7
事業所の所在地（漢字）※ビル、マンション名等：

6. 事業所の電話番号（項目ごとにそれぞれ左詰めで記入してください。）：03-3865-9999

7. 設置年月日：7-280401（3 昭和 4 平成）
8. 労働保険番号：13101888888000

※公共職業安定所記載欄
9. 設置区分（1 当然 / 2 任意）
10. 事業所区分（1 個別 / 2 委託）
11. 産業分類
12. 台帳保存区分（1 日雇被保険者のみの事業所 / 2 船舶所有者）

13. 事業主			
（フリガナ）住所	チヨダクイワモトチョウ　千代田区岩本町1-4-7	17. 常時使用労働者数	10人
（フリガナ）名称	カブシキガイシャホマイサービス　株式会社保毎サービス	18. 雇用保険被保険者数　一般	10人
		日雇	0人
（フリガナ）氏名	ホマイタロウ　代表取締役 保毎太郎　(事業主印)	19. 賃金支払関係　賃金締切日	末日
		賃金支払日	当・翌月 10日
14. 事業の概要	出版	20. 雇用保険担当課名	総務課　人事係
15. 事業の開始年月日	平成28年 4月 1日	21. 社会保険加入状況	健康保険　厚生年金保険　労災保険
※16. 事業の廃止年月日	平成 年 月 日		

備考

※所長　次長　課長　係長　係　操作者

（この届出は、事業所を設置した日の翌日から起算して10日以内に提出してください。）

2016. 1

【記入例　雇用保険適用事業所設置届　(裏)】

> **注　意**
> 1　☐☐☐で表示された枠（以下「記入枠」という。）に記入する文字は、光学式文字読取装置（OCR）で直接読取を行いますので、この用紙を汚したり、必要以上に折り曲げたりしないでください。
> 2　記載すべき事項のない欄又は記入枠は空欄のままとし、※印のついた欄又は記入枠には記載しないでください。
> 3　記入枠の部分は、枠からはみ出さないように大きめの文字によって明瞭に記載してください。
> 4　1欄には、平成27年10月以降、国税庁長官から本社等へ通知された法人番号を記載してください。
> 5　2欄には、数字は使用せず、カタカナ及び「-」のみで記載してください。
> 　　カタカナの濁点及び半濁点は、1文字として取り扱い（例：ガ→｢カﾞ｣、パ→｢ハﾟ｣）、また、「ヰ」及び「ヱ」は使用せず、それぞれ「イ」及び「エ」を使用してください。
> 6　3欄及び5欄には、漢字、カタカナ、平仮名及び英数字（英字については大文字体とする。）により明瞭に記載してください。
> 7　5欄1行目には、都道府県名は記載せず、特別区名、市名又は郡名とそれに続く町村名を左詰めで記載してください。
> 　　5欄2行目には、丁目及び番地のみを左詰めで記載してください。
> 　　また、所在地にビル名又はマンション名等が入る場合は5欄3行目に左詰めで記載してください。
> 8　6欄には、事業所の電話番号を記載してください。この場合、項目ごとにそれぞれ左詰めで、市内局番及び番号は「-」に続く5つの枠内にそれぞれ左詰めで記載してください。（例：03-3456-XXXX→ ｢03｣｢-3456-｣｢XXXX｣　）
> 9　7欄には、雇用保険の適用事業所となるに至った年月日を記載してください。この場合、元号をコード番号で記載した上で、年、月又は日が1桁の場合は、それぞれ10の位の部分に「0」を付加して2桁で記載してください。
> 　　（例：平成14年4月1日→ ｢4-140401｣　）
> 10　14欄には、製品名及び製造工程又は建設の事業及び林業等の事業内容を具体的に記載してください。
> 11　18欄の「一般」には、雇用保険被保険者のうち、一般被保険者数、高年齢継続被保険者数及び短期雇用特例被保険者数の合計数を記載し、「日雇」には、日雇労働被保険者数を記載してください。
> 12　21欄は、該当事項を○で囲んでください。
> 13　22欄は、事業所印と事業主印又は代理人印を押印してください。
> 14　23欄は、最寄りの駅又はバス停から事業所への道順略図を記載してください。

お願い
1　事業所を設置した日の翌日から起算して10日以内に提出してください。
2　営業許可証、登記事項証明書その他記載内容を確認することができる書類を持参してください。

22. 登録印

雇用保険の手続きの際はこちらに登録した事業主印を使うことになります。

23. 最寄りの駅又はバス停から事業所への道順

労働保険事務組合記載欄
所在地
名　称
代表者氏名　　　印
委託開始　　平成　　年　　月　　日
委託解除　　平成　　年　　月　　日

社会保険労務士記載欄

※本手続は電子申請による届出も可能です。詳しくは管轄の公共職業安定所までお問い合わせください。
なお、本手続について、社会保険労務士が電子申請により本届書の提出に関する手続を事業主に代わって行う場合には、当該社会保険労務士が当該事業主の提出代行者であることを証明することができるものを本届書の提出と併せて送信することをもって、当該事業主の電子署名に代えることができます。

2. 会社登記の内容は不変ではありません

会社の移転や会社名の変更、代表者の交代など登記上の記載に変更があるときは、変更の手続きが必要です！

手続きのポイント〈こんなことに注意！〉

◎会社を移転したり、代表者が転居したなど会社登記の内容を変更したら、社会保険・労働保険・雇用保険の手続きが必要です！
◎手続きには新しい登記簿謄本が必要です！

会社の所在地の移転や、代表者の氏名・住所の変更、代表者の交代、会社電話番号の変更など社会保険・労働保険・雇用保険に届け出ている内容が変更された場合は、それぞれ変更手続きが必要です。

2-1 【社会保険】管轄内での社会保険の手続き

同一の年金事務所管内において、次の①〜③のいずれかに該当した場合、事業主が「適用事業所所在地・名称変更（訂正）届（管轄内）」を提出します。年金事務所の管轄は日本年金機構のホームページで確認することができます。

①同一の年金事務所の管轄地域内で所在地を変更する場合
②適用事業所の名称を変更する場合
③同一の年金事務所の管轄地域内で所在地及び名称を変更する場合

届出書類 ：健康保険厚生年金保険適用事業所所在地・名称変更（訂正）届（管轄内）[様式番号なし]
提出先 ：所轄年金事務所窓口または電子申請も可
提出期限 ：事実発生の日から5日以内
添付書類 ：以下の❶から❸それぞれの場合に応じて添付書類が必要となります。
なお、添付書類のうち、法人（商業）登記簿謄本のコピー及び住民票のコピーは、提出日から遡って90日以内に発行されたもの

❶《法人事業所の場合》（所在地変更・名称変更共通）
登記簿謄本のコピー

※事業所所在地が登記所在地と異なる場合は、「賃貸借契約書」のコピーなど事業所所在地が確認でき

るものも添付します。

❷《個人事業所の場合》(所在地変更)

事業主の住民票のコピー(個人番号の記載のないもの)

※事業所所在地が住民票記載住所と異なる場合は、「賃貸借契約書」のコピーなど事業所所在地が確認できるものも添付します。

❸《個人事業所の場合》(名称変更)

公共料金の領収書のコピー等

様式入手元：全国年金事務所窓口および日本年金機構Webサイト

【記入例　健康保険　厚生年金保険　適用事業所所在地・名称変更（訂正）届（管轄内）】

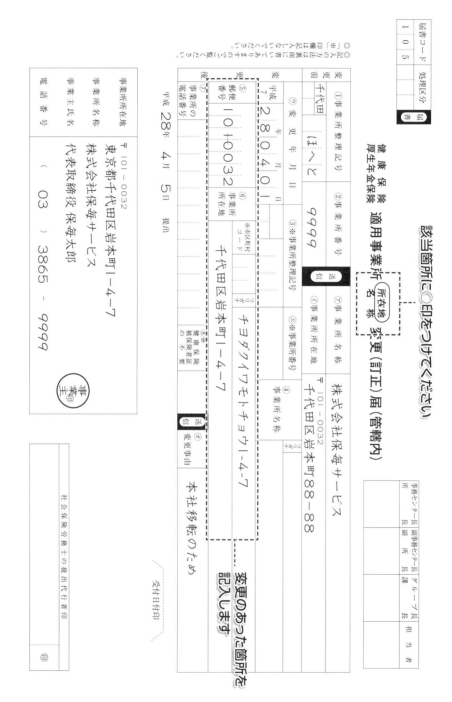

2-2 【社会保険】管轄外での社会保険の手続き

　年金事務所の管轄を越えて、以下①または②のいずれかに該当した場合に「適用事業所所在地・名称変更（訂正）届（管轄外）」を提出します。年金事務所の管轄は、「日本年金機構」のホームページにて確認することができます。

　①これまでの年金事務所が管轄する地域外へ住所を変更する場合
　②上記①に加えて名称を変更する場合

　この届出をすることにより、次のとおり変更となります。

●管轄年金事務所の変更

《同一都道府県内の場合》

　届出日の翌月1日より変更されます。

《都道府県外の場合》

　届出日の翌月1日または翌々月1日より変更されます。

※ 届書受付日によって変更日が異なる場合があります。詳細は年金事務所に確認してください。

●健康保険料率の変更

《「協会けんぽ」管掌の健康保険の場合》

「協会けんぽ」管掌の健康保険の保険料率は都道府県ごとに決定されます。したがって、他の都道府県に事業所が移転する場合は、健康保険料率が変わることがあります。この場合、すでに納付済みの健康保険料に過不足があるときは、年金事務所の管轄変更後に初めて納付する保険料で精算されますのでご安心ください。

届出書類　：健康保険 厚生年金保険 適用事業所所在地・名称変更（訂正）届（管轄外）[様式番号なし]
提出先　　：変更前の事業所の所在地を管轄する年金事務所窓口（郵送の場合は事務センターでも可）または電子申請も可
提出期限　：事実発生の日から5日以内
添付書類　：以下法人、個人に応じて添付書類が必要となります。
　　　　　　なお、添付書類のうち、登記簿謄本のコピー及び住民票のコピーは、提出日から遡って90日以内に発行されたもの

《法人事業所の場合》(所在地変更・名称変更共通)
登記簿謄本のコピー
※事業所所在地が登記所在地と異なる場合は、「賃貸借契約書」のコピーなど事業所所在地が確認できるものも添付します。
《個人事業所の場合》(所在地変更)
事業主の住民票のコピー(個人番号の記載のないもの)
※事業所所在地が住民票記載住所と異なる場合は、「賃貸借契約書」のコピーなど事業所所在地が確認できるものも添付します。
《個人事業所の場合》(名称変更)
公共料金の領収書のコピー等
様式入手元：全国年金事務所窓口および日本年金機構Webサイト

【記入例　健康保険　厚生年金保険　適用事業所所在地・名称変更（訂正）届（管轄外）】

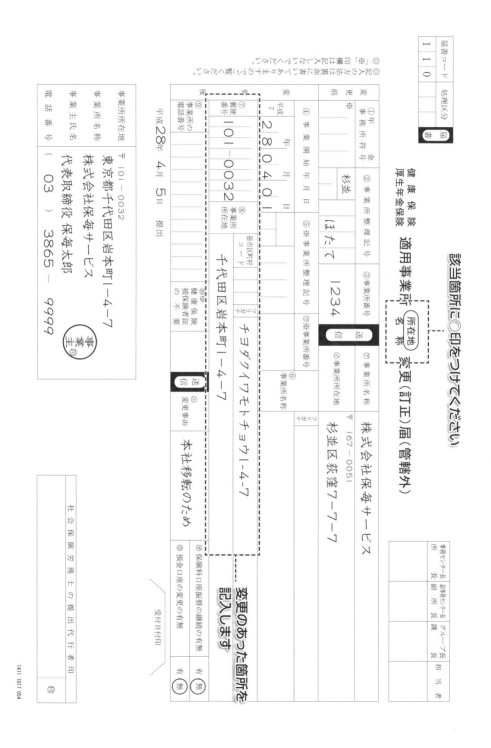

2．会社登記の内容は不変ではありません　47

2-3 【社会保険】届出内容に変更がある場合の社会保険の手続き

次の①〜⑬あてはまるときは、事業主が「事業所関係変更（訂正）届」を提出しなければなりません。

①事業所の連絡先電話番号の変更
②事業主の変更
③事業主の氏名または住所の変更
④「昇給月」、「賞与支払予定月」または「現物給与の種類」の変更
⑤「算定基礎届」または「賞与支払届」に被保険者氏名等を印字したものの送付を希望するときまたは不要となったとき
⑥事業主代理人を選任（変更）したときまたは解任したとき
⑦社会保険労務士に業務を委託したときまたは委託を解除したとき
⑧社会保険委員を委嘱したときまたは解任したとき
⑨健康保険組合の名称に変更（訂正）があったとき
⑩会社法人番号に変更（訂正）があったとき
⑪事務所の「法人」「個人」「国、地方公共団体」に変更（訂正）があったとき
⑫本店・支店の区分に変更（訂正）があったとき
⑬国内法人・外国法人の区分に変更（訂正）があったとき

届出書類　：健康保険 厚生年金保険適用 事業所関係変更（訂正）届［様式番号なし］
提出先　　：所轄年金事務所窓口または電子申請も可
提出期限　：事実発生日から5日以内
添付書類　：会社法人等届番号に変更（訂正）があった場合法人（商業）登記簿謄本のコピー
様式入手元：所轄年金事務所窓口または日本年金機構Webサイト

【記入例　健康保険　厚生年金保険　事業所関係変更（訂正）届】

2-4 【労働保険】労働保険の変更手続き

労働保険保険関係成立届の記載の内容に以下の内容に変更がある場合は、「労働保険名称、所在地等変更届」を提出します。

①事業主の氏名・名称・住所・電話番号

②事業の名称・所在地・電話番号

③事業の種類が変更になったことによる労災保険率表の事業の種類

④事業の予定期間（有期事業の場合）

届出書類　：労働保険　名称、所在地等変更届［様式第2号（第5条関係）］

提出先　　：

一元適用事業所の場合		移転後の事業所の管轄労働基準監督署の窓口
二元適用事業所の場合	〔労災保険〕	移転後の事業所の管轄労働基準監督署の窓口
	〔雇用保険〕	移転後の事業所の管轄公共職業安定所の窓口

　　　　　　電子申請も可

提出期限　：事実発生の日の翌日から10日以内

添付書類　：《法人事業所の場合》（所在地変更・名称変更共通）

法人（商業）登記簿謄本のコピー

※事業所所在地が登記所在地と異なる場合は、「賃貸借契約書」のコピーなど事業所所在地が確認できるものも添付します。

《個人事業所の場合》（所在地変更）

事業主の住民票のコピー（個人番号の記載のないもの）

※事業所所在地が住民票記載住所と異なる場合は、「賃貸借契約書」のコピーなど事業所所在地が確認できるものも添付します。

様式入手元：所轄労働基準監督署

【記入例　労働保険　名称、所在地等変更届】

様式第2号（第5条関係）　　　　　　　　　　　　　　　　　　　　　　　　　提出用

労働保険　名称、所在地等変更届
下記のとおり届出事項に変更があったので届けます。

平成28年4月5日

種別 31604

中央 労働基準監督署長　殿
　　 公共職業安定所長

労働保険番号：13101 888888-000

変更前の事業所

- 郵便番号：101-0032
- 住所（カナ）市・区・郡名：チヨダク
- 住所（カナ）町村名：イワモトチョウ
- 住所（カナ）丁目・番地：1-4-7
- 住所（漢字）市・区・郡名：千代田区
- 住所（漢字）町村名：岩本町
- 住所（漢字）丁目・番地：1-4-7
- 電話番号：03-3865-9999

変更前（右側枠）

- 郵便番号：167-0051
- 所在地：杉並区荻窪8-8-8
- 電話番号：03-8888-7777

（住所）郵便番号：167-0051
杉並区荻窪8-8-8
電話番号：03-8888-7777

変更後

- 郵便番号：101-0032
- 千代田区岩本町 1-4-7
- 電話番号：03-3865-9999

変更理由：本社移転による

変更年月日：7-28-04-01

事業主
住所　千代田区岩本町1-4-7
　　　株式会社保毎サービス
氏名　代表取締役　保毎太郎　㊞

2．会社登記の内容は不変ではありません

2-5 【雇用保険】雇用保険の手続き

　雇用保険の手続きは、労働保険名称・所在地等変更届の手続きと同時に行うと効率良く手続きができます。

届出書類　：雇用保険事業主事業所各種変更届［様式番号なし］
提出先　　：所轄公共職業安定所窓口または電子申請
提出期限　：事実発生のあった日の翌日から10日
添付書類　：《法人事業所の場合》

　　　　　　法人（商業）登記簿謄本のコピー
　　　　　　　※事業所所在地が登記所在地と異なる場合は、「賃貸借契約書」のコピーなど事業所所在地が確認できるものも添付します。

　　　　　《個人事業所の場合》

　　　　　　事業主の住民票のコピー（個人番号の記載のないもの）
　　　　　　　※事業所所在地が住民票記載住所と異なる場合は、「賃貸借契約書」のコピーなど事業所所在地が確認できるものも添付します。

様式入手元：所轄公共職業安定所窓口またはハローワークインターネットサービスWebサイト

【記入例　雇用保険事業主事業所各種変更届（表）】

雇用保険事業主事業所各種変更届（必ず第2面の注意事項を読んでから記載してください。）

※ 事業所番号

- 帳票種別：12003
- ※1. 変更区分：□
- 2. 変更年月日：4-280401（元号-年月日）
- 3. 事業所番号：1300-777777-0
- 4. 設置年月日：7-250801（元号-年月日）（3 昭和　4 平成）

●下記の5〜11欄については、変更がある事項のみ記載してください。

- 5. 法人番号（個人事業の場合は記入不要です。）：1234567899999
- 6. 事業所の名称（カタカナ）：
- 事業所の名称〔続き（カタカナ）〕：
- 7. 事業所の名称（漢字）：
- 事業所の名称〔続き（漢字）〕：
- 8. 郵便番号：101-0032
- 10. 事業所の電話番号：03-3865-9999
- 9. 事業所の所在地（漢字）　市・区・郡及び町村名：千代田区岩本町
- 事業所の所在地（漢字）　丁目・番地：1-4-7
- 事業所の所在地（漢字）　ビル、マンション名等：
- 11. 労働保険番号：13101888880000（府県 所掌 管轄 基幹番号 枝番号）
- ※公共職業安定所記載欄
- 12. 設置区分：（1 当然 / 2 任意）
- 13. 事業所区分：（1 個別 / 2 委託）
- 14. 産業分類

変更事項

- 15. 事業主
  - （フリガナ）住所　チヨダクイワモトチョウ1-4-7：千代田区岩本町1-4-7
  - （フリガナ）名称
  - （フリガナ）氏名（法人のときは代表者の氏名）
- 18. （フリガナ）変更前の事業所の名称
- 19. （フリガナ）変更前の事業所の所在地　スギナミクオギクボ8-8-8：杉並区荻窪8-8-8
- 20. 事業の開始年月日：平成25年 3月 1日
- 21. ※事業の廃止年月日：平成　年　月　日
- 22. 常時使用労働者数：10人
- 23. 雇用保険担当課名：総務課　人事係
- 24. 社会保険加入状況：健康保険／厚生年金保険／労災保険
- 25. 雇用保険被保険者数：一般 10人／日雇 0人
- 26. 賃金支払関係：賃金締切日 末日／賃金支払日 当（翌）月 10日
- 16. 変更後の事業の概要
- 17. 変更の理由：本社移転による
- 備考
- ※所長／次長／課長／係長／係／操作者

（この届出は、変更のあった日の翌日から起算して10日以内に提出してください。）

2016.1

2．会社登記の内容は不変ではありません

【記入例　雇用保険事業主事業所各種変更届（裏）】

注　意

1. □□□□で表示された枠（以下「記入枠」という。）に記入する文字は、光学式文字読取装置（OCR）で直接読取を行いますので、この用紙を汚したり、必要以上に折り曲げたりしないでください。
2. 記載すべき事項のない欄又は記入枠は空欄のままとし、※印のついた欄又は記入枠には記載しないでください。
3. 記入枠の部分は、枠からはみ出さないように大きめの文字によって明瞭に記載してください。
4. 2欄の記載は、元号をコード番号で記載した上で、年、月又は日が1桁の場合は、それぞれ10の位の部分に「0」を付加して2桁で記載してください。（例：平成15年4月1日→ 4-150401 ）
5. 3欄の記載は、公共職業安定所から通知された事業所番号が連続した10桁の構成である場合は、最初の4桁を最初の4つの枠内に、残りの6桁を「-」に続く6つの枠内にそれぞれ記載し、最後の枠は空欄としてください。
   （例：1301000001の場合→ 1301-000001- ）
6. 4欄には、雇用保険の適用事業となるに至った年月日を記載してください。記載方法は、2欄の場合と同様に行ってください。
7. 5欄には、平成27年10月以降、国税庁長官から本社等へ通知された法人番号を記載してください。
8. 6欄には、数字は使用せず、カタカナ及び「-」のみで記載してください。
   カタカナの濁点及び半濁点は、1文字として取り扱い（例：ガ→カ゛、パ→ハ゜）、また、「ヰ」及び「ヱ」は使用せず、それぞれ「イ」及び「エ」を使用してください。
9. 7欄及び9欄には、漢字、カタカナ、平仮名及び英数字（英字については大文字体とする。）により明瞭に記載してください。
   小さい文字を記載する場合には、記入枠の下半分に記載してください。（例：ァ→ ァ ）
   また、濁点及び半濁点は、前の文字に含めて記載してください。（例：が→ が 、ぱ→ ぱ ）
10. 9欄1行目には、都道府県名は記載せず、特別区名、市名又は郡名とそれに続く町村名を左詰めで記載してください。
    9欄2行目には、丁目及び番地のみを左詰めで記載してください。
    また、所在地にビル名又はマンション名等が入る場合は9欄3行目に左詰めで記載してください。
11. 10欄には、事業所の電話番号を記載してください。この場合、項目ごとにそれぞれ左詰めで、市内局番及び番号は「-」に続く5つの枠内にそれぞれ左詰めで記載してください。（例：03-3456-XXXX→ 03 -3456 -XXXX ）
12. 27欄は、事業所印と事業主印又は代理人印を押印してください。
13. 28欄は、最寄りの駅又はバス停から事業所への道順略図を記載してください。

お願い

1. 変更のあった日の翌日から起算して10日以内に提出してください。
2. 営業許可証、登記事項証明書その他の記載内容を確認することができる書類を持参してください。

27 登録印	事業所印影	事業主（代理人）印影	改印欄（事業所・事業主）	改印欄（事業所・事業主）	改印欄（事業所・事業主）
	事業主		改印年月日　平成　年　月　日	改印年月日　平成　年　月　日	改印年月日　平成　年　月　日

28. 最寄りの駅又はバス停から事業所への道順

（地図：JR神田駅、秋葉原、銀座、中央通り、昭和通り、岩本町駅、小伝馬町駅）

労働保険事務組合記載欄

所在地

名　称

代表者氏名　　　　　　　印

委託開始　　　　　年　月　日

委託解除　平成　　　年　月　日

上記のとおり届出事項に変更があったので届けます。

平成 28 年 4 月 5 日

飯田橋 公共職業安定所長　殿

事業主　住　所　東京都千代田区岩本町1-4-7
　　　　名　称　株式会社保毎サービス
　　　　氏　名　代表取締役　保毎太郎

記名押印又は署名

社会保険労務士記載欄	作成年月日・提出代行者・事務代理者の表示	氏　名	電話番号
		印	

※本手続は電子申請による届出も可能です。詳しくは管轄の公共職業安定所までお問い合わせください。
　なお、本手続について、社会保険労務士が電子申請により本届書の提出に関する手続を事業主に代わって行う場合には、当該社会保険労務士が当該事業主の提出代行者であることを証明することができるものを本届書の提出と併せて送信することをもって、当該事業主の電子署名に代えることができます。

3. 手続きを本社一括で行うとき

　本社（本店）以外に他の場所に支社（支店）を事業運営している会社は、「本社で一括して保険の手続き」をすることができます。

> **手続きのポイント〈こんなことに注意！〉**
> ◎保険の手続きは原則事業所単位で行いますが、本社で一括手続きもＯＫ！
> ◎事業所単位でそれぞれ保険関係を成立させる場合は、保険料率を要チェック！

　社会保険や労働保険（労災保険・雇用保険）は、事業所※単位で保険に加入します。しかしながら、人事・労務、給与計算などの業務を本社（本店）が行い、支社（支店）は独立して社会保険や労働保険の手続きを適切に運用することができないなどの場合は、ある一定の手続きを行うことによって、本社で一括して社会保険や労働保険の手続きを扱うことができます。

3-1 【社会保険】本社で社会保険手続きを一括で行いたい

　登記簿謄本に支社や支店が登記されているような大企業の場合、社会保険は各支店や支社ごとに加入する必要があります。しかし、①被保険者資格取得届、②被保険者資格喪失届、③住所変更届、④算定基礎届、⑤月額変更届、⑥賞与支払届の手続き、は本社で一括に行うことができます。本社一括適用の承認を受けるためには、次のすべての基準を満たす必要があります。

❶ 一つの適用事業所にしようとする複数の事業場に使用されるすべての者の人事、労務及び給与に関する事務が集中的に管理されており、適用事業所の事業主が行うべき事務が所定の期間内に適正に行われること。

❷ 一括を行うのは、本社（本店）であること。

❸ 承認申請にかかる適用事業所について健康保険の保険者が同一であること。

❹ 「協会けんぽ」管掌の健康保険の適用となる場合は、健康保険の一括適用の承認申請も合わせて行うこと。

❺ 一括適用の承認によって厚生年金保険事業及び健康保険事業の運営が著しく阻害されないこと。

届出書類　：全国健康保険協会管掌健康保険 厚生年金保険 一括適用承認申請書［様式第1号および添付様式第1号、第2号、第3号］
提出先　　：本社もしくは本店の管轄年金事務所窓口または電子申請も可
提出期限　：なし。一括適用の承認日は、算定基礎届の事務処理期間である5月から8月を除く月の末日となります。
添付書類　：人事、労務及び給与に関する事務の範囲及びその方法［添付様式第1号］
　　　　　　各種届書の作成過程及び被保険者への作成過程または届出の処理過程［添付様式第2号］
　　　　　　被保険者の資格の確認等の通知及び健康保険被保険者証等の交付の処理過程［添付様式第3号］
様式入手元：所轄年金事務所窓口および全国健康保険協会Webサイト

【記入例　全国健康保険協会管掌健康保険　厚生年金保険　一括適用承認申請書】

(様式第1号)

全国健康保険協会管掌健康保険
厚生年金保険　一括適用承認申請書

一括適用事業所の名称	株式会社保毎サービス				
指定事業所とする事業所の名称等	記号	千代田 ほへと		番号	9999
	名称	株式会社保毎サービス			
	所在地	東京都千代田区岩本町1-4-7			
事業主氏名	代表取締役 保毎太郎				
事務担当者の連絡先	氏名 鈴木ひろみ　Tel 03-3865-9999		所属 総務課　内線		
一括適用の承認を受けようとする理由	社会保険事務処理の負担を軽減するため				
加入している健康保険組合の名称					
加入している厚生年金基金の名称					
対象事業所数	1件	被保険者総数			5名

対象事業所の名称等	事業所記号	事業所番号	管轄年金事務所名	被保険者数
	事業所名称		事業所所在地	
	仙台 いろは	12345	仙台北 年金事務所	5名
	〒981-0916 宮城県仙台市青葉区青葉町555			
			年金事務所	名
	〒			
			年金事務所	名
	〒			
			年金事務所	名
	〒			
			年金事務所	名
	〒			

上記のとおり、関係書類を添えて申請します。　平成 28年 6月 1日

指定事業所となる事業所の所在地	〒101-0032 東京都千代田区岩本町1-4-7	
指定事業所となる事業所の名称	株式会社保毎サービス	
事業主氏名	代表取締役 保毎太郎	事業主印
電話番号	Tel 03-3865-9999	

社会保険労務士の提出代行者印	

3．手続きを本社一括で行うとき

【記入例　人事、労務及び給与に関する事務の範囲及びその方法】

(添付様式第1号)

人事、労務及び給与に関する事務の範囲及びその方法

項　目	事務の範囲	事務の方法
人　事	総務部において、役員並びに社員の採用、異動、昇任、解雇及び退職等を決定している。 なお、社員の自己都合退職並びにパートタイマー等の採用及び退職については、支店の総務担当から報告を受け、決定している。	総務部において、人事データを電子計算組織に入力し、一括管理している。
労　務	総務部において、役員、社員並びにパートタイマー等の出勤記録及び労働者名簿の管理を行なうとともに、社会保険に関する届書を作成し、協会けんぽ、年金事務所への届出事務を行っている。	出退勤データは各事業場のタイムレコーダーにより記録され、総務部で一括管理している。また、出退勤データは、社会保険に関する届書にも情報が反映されるようになっている。
給　与	総務部において、役員、社員及びパートタイマー等の給与計算を行うとともに、社会保険料等の源泉控除を行っている。また、従業員の指定した銀行口座に給与振込する手続きを行なうとともに、源泉控除した社会保険料等の納付手続きも行っている。	電子計算組織に入力されている人事データや出退勤データを用いて役員、社員、パートタイマー等の給与を電子計算組織により一括計算している。ここで計算された給与データは、社会保険に関する届出の要否判定等に活用されている。

指定事業所となる事業所所在地	〒101-0032 東京都千代田区岩本町1-4-7
指定事業所となる事業所名称	株式会社保毎サービス
事　業　主　氏　名	代表取締役　保毎太郎
電　話　番　号	TEL　03(3865)9999

社会保険労務士の提出代行者印	

【記入例　各種届書（　　　）の作成過程及び被保険者への作成過程または届出の処理過程】

①資格取得届②資格喪失届③算定基礎届
④賞与支払届⑤月額変更届⑥住所変更届について
各々作成してください。
但し、同じフローチャートになる場合は、
①～⑥を1枚で記入してもよいです。

(添付様式第2号)

各種届書（　　　　　　）の作成過程及び
被保険者への作成過程または届出の処理過程

(説明)　各事業場から採用・退職の報告を受けた総務部は、その従業員の住所・氏名・生年月日・基礎年金番号等のデータを電子計算組織に入力し届出る。また、各事業場の出退勤状況を総務部が電子計算組織に一括入力し給与計算した結果から、算定基礎届、賞与支払届、月額変更届を作成し届出る。

(フローチャート)

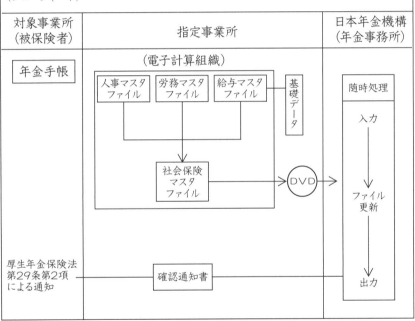

※各種届書の作成過程等が同一である場合は、共通の作成過程等について記載願います。

指定事業所となる事業所所在地	〒101-0032 東京都千代田区岩本町1-4-7
指定事業所となる事業所名称	株式会社保毎サービス
事業主氏名	代表取締役　保毎太郎
電話番号	TEL　03（ 3865 ）9999

| 社会保険労務士の提出代行者印 | |

【記入例　被保険者の資格の確認等の通知及び健康保険被保険者証等の交付の処理過程】

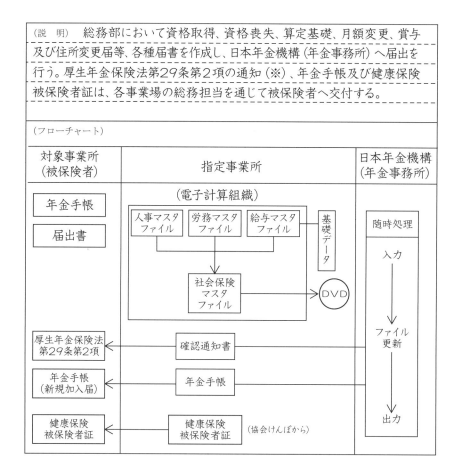

(※) 厚生年金保険法第29条第2号の通知とは会社が従業員の被保険者の資格を取得したとき、喪失したとき、あるいは標準報酬の改訂等を行ったとき等には本人にそれを通知をする必要があるとされているものです。

3-2 【労働保険】本社で労働保険納付手続きを一括で行いたい

　保険関係が成立している2以上の事業について、継続事業の事業主が継続事業の一括をしようとするときは、それぞれの事業が①〜③すべての要件に該当していることが必要です。

　① 継続事業であること。
　② 本社など一括するところ（指定事業）と支社など（被一括事業）の事業主が同じであること。
　③ それぞれの事業が労災保険率表による事業の種類が同じこと。

　保険関係を指定事業に一括すると、支店ごとに行っていた労働保険料の納付事務を本社で一括で行うことができます。ただし、労災保険給付事務については、それぞれの事業所（支店）ごとに行う必要があります。

届出書類　：労働保険継続事業一括認可・追加・取消申請書［様式第5号（第10条関係）］
提出先　　：指定事業を管轄する労働基準監督署窓口または電子申請も可
提出期限　：なし
添付書類　：不要
様式入手元：所轄労働基準監督署窓口

【記入例　労働保険　継続事業一括認可・追加申請書】

様式第5号(第10条関係)

労働保険　継続事業一括認可・~~追加・取消~~申請書　[提出用]

種別：31640

①下記のとおり継続事業の一括に係る　・新規　・認可の取消　の申請をします。
・認可の追加

← 当てはまるところに◯印をつけます

指定を受けることを希望する事業又は既に指定を受けている事業

③労働保険番号：府県 13　所掌 1　管轄(1) 01　基幹番号 888888 - 枝番号 000（項1）

②申請年月日（元号：平成7）：7-28-04-01（項2）

④所在地：東京都千代田区岩本町1-4-7　郵便番号 101-0032
⑥保険関係成立区分：(イ)労災・雇用
⑦事業の種類（労災保険率表による）：出版業

⑤名称：株式会社保毎サービス　電話番号 03-3865-9999

申請書の指定事業に一括され又は一括を取消される事業

1
⑧労働保険番号：府県 04　所掌 1　管轄(1) 01　基幹番号 999999 - 枝番号 000（項3）
※認可コード（項4）　※管轄(2)（項5）　⑨整理番号（項6）

⑩所在地：宮城県仙台市青葉区青葉町555　郵便番号 981-0916
⑪保険関係成立区分：(イ)労災・雇用
⑫事業の種類（労災保険率表による）：出版業
名称：株式会社保毎サービス 仙台支社　電話番号 022-999-9999

2
⑬労働保険番号：府県 所掌 管轄(1) 基幹番号 - 枝番号（項7）
※認可コード（項8）　※管轄(2)（項9）　⑭整理番号（項10）

⑮所在地：　郵便番号
⑯保険関係成立区分：(イ)労災・雇用　(ロ)労災　(ハ)雇用
⑰事業の種類（労災保険率表による）
名称：　電話番号

3
⑱労働保険番号：府県 所掌 管轄(1) 基幹番号 - 枝番号（項11）
※認可コード（項12）　※管轄(2)（項13）　⑲整理番号（項14）

⑳所在地：　郵便番号
㉑保険関係成立区分：(イ)労災・雇用　(ロ)労災　(ハ)雇用
㉒事業の種類（労災保険率表による）
名称：　電話番号

4
㉒労働保険番号：府県 所掌 管轄(1) 基幹番号 - 枝番号（項15）
※認可コード（項16）　※管轄(2)（項17）　㉔整理番号（項18）

㉕所在地：　郵便番号
㉖保険関係成立区分：(イ)労災・雇用　(ロ)労災　(ハ)雇用
㉗事業の種類（労災保険率表による）
名称：　電話番号

※認可・取消年月日（元号：平成7）：元号 - 年 - 月 - 日（項23）
※データ指示コード（項24）
1.新規申請　3.追加の申請　4.認可の取消し

※修正項目

東京 労働局長　殿

事業主
住所　東京都千代田区岩本町1-4-7
　　　株式会社保毎サービス
氏名　代表取締役 保毎太郎　㊞（事業主）
（法人のときはその名称及び代表者の氏名）
記名押印又は署名

(20.1)

3-3 【雇用保険】本社で雇用保険手続きを一括で行いたい

　支社（支店）の雇用保険手続きも本社で一括に行うことができます。雇用保険事業所非該当承認申請書を支社（支店）または、管轄する公共職業安定所に提出し、その支社（支店）では雇用保険手続きを単独で行うことができないということが承認されると、本社で一括手続きを行うことができます。なお、非該当承認を受けるには、次の基準を満たさなければなりません。

　① 人事、経理、経営（又は業務）上の指揮監督、賃金の計算、支払等に独立性がないこと。
　② 健康保険、労災保険等他の社会保険についても主たる事業所で一括処理されていること。
　③ 労働者名簿、賃金台帳等が主たる事業所に備え付けられていること。

　この手続きには、必要に応じて「調査票」の添付が求められます。「調査票」には、本社と支社の事務処理の関連性や、支社の実務の実態等を記入します。都道府県ごとに独自の様式がありますので、雇用保険事業所非該当承認申請書を提出する場合は、事前に公共職業安定所に様式の確認をしましょう。

提出書類　：雇用保険事業所非該当承認申請書［様式番号なし］
提出先　　：非該当承認対象施設の所在地を管轄する公共職業安定所窓口または電子申請
　　　　　　も可
提出期限　：遅滞なく
添付書類　：原則不要
　　　　　　ただし、必要に応じて「調査票」などの添付書類を求められる場合あり
様式入手元：所轄公共職業安定所窓口または"e-gov"Webサイト

【記入例　雇用保険事業所非該当承認申請書】

雇用保険 事業所非該当承認申請書（安定所用）

1．事業所非該当承認対象施設

①名　称	株式会社保毎サービス仙台支社	⑦労働保険料の徴収の取扱い	労働保険の保険料の徴収等に関する法律施行規則上の事業場とされているか　⦿いる・いない
②所在地	〒981-0916　宮城県仙台市青葉区青葉町555　電話022(999)9999	⑧労働保険番号	府県 所掌 管轄 基幹番号 枝番号　04 1 01 999999 000
③施設の設置年月日	平成28年2月1日	⑨社会保険の取扱い	健康保険法及び厚生年金保険の事業所とされているか　いる・⦿いない
④事業の種類	出版業	⑩各種帳簿の備付状況	労働者名簿・賃金台帳・⦿出勤簿
⑤従業員数	5（うち被保険者数　5）	⑪管轄公共職業安定所	仙台　公共職業安定所
⑥事業所番号	｜－｜－｜	⑫雇用保険事務処理能力の有無	有・⦿無
⑬申請理由	従業員はすべて営業職であり、人事労務機能が支社にはないため、人事・労務・給与等の事務処理は本社で一括して行っている。		

2．事業所

⑭事業所番号	1300-777777-0	⑱従業員数	10（うち被保険者数　10）
⑮名称	株式会社保毎サービス	⑲適用年月日	平成26年4月1日
⑯所在地	〒101-0032　東京都千代田区岩本町1-4-7　電話03(3865)9999	⑳管轄公共職業安定所	飯田橋　公共職業安定所
⑰事業の種類	出版業	㉑備考	

上記1の施設は、一の事業所として認められませんので承認されたく申請します。
平成28年4月5日
公共職業安定所長殿

事業主（又は代理人）

住所　東京都千代田区岩本町1-4-7
氏名　株式会社保毎サービス
　　　代表取締役　保毎太郎　㊞

（注）社会保険労務士記載欄は、この届書を社会保険労務士が作成した場合のみ記入する。

4. 会社を解散(廃止)するとき

　会社を解散(廃止)する場合は、社会保険・労働保険・雇用保険の手続きが必要です。平行して従業員の退職手続きも忘れずに行ってください。

> **手続きのポイント〈こんなことに注意!〉**
> ◎会社解散後の連絡先を統一しておいた方が良いでしょう。
> ◎従業員の退職時の手続きをきちんと行いましょう。
> ◎社会保険や労働保険は解散後に保険料精算があります。

4-1 【社会保険】社会保険の手続き

　会社(事業所)が次の①～④のいずれかに該当する場合は社会保険の適用事業所でなくなりますので、手続を行います。

① 事業を廃止(解散)する場合
② 事業を休止(休業)した場合
③ 他の事業所との合併により事業所が存続しなくなる場合
④ 一括適用により単独の適用事業所でなくなった場合

　被保険者が同時に資格喪失をする場合、あわせて資格喪失手続きも必要です。

届出書類　：健康保険 厚生年金保険 適用事業所全喪届[様式番号なし]
提出先　　：所轄年金事務所窓口および電子申請も可
提出期限　：事実発生から5日以内
添付書類　：原則下記❶、❷のいずれか

　　　　　❶ 解散登記の記入がある法人登記簿謄本のコピー(破産手続廃止または終結の記載がある閉鎖登記簿謄本のコピーでも可)
　　　　　❷ 雇用保険適用事業所廃止届(事業主控)のコピー
　　　　　上記の添付ができない場合下記❸～❻のいずれか
　　　　　❸ 給与支払事務所等の廃止届のコピー
　　　　　❹ 合併、解散、休業等異動事項の記載がある法人税、消費税異動届のコピー
　　　　　❺ 休業等の確認ができる情報誌、新聞等のコピー
　　　　　❻ その他、適用事業所に該当しなくなったことを確認できる書類

様式入手元：所轄年金事務所窓口または日本年金機構Webサイト

【記入例　健康保険　厚生年金保険適用　事業所全喪届】

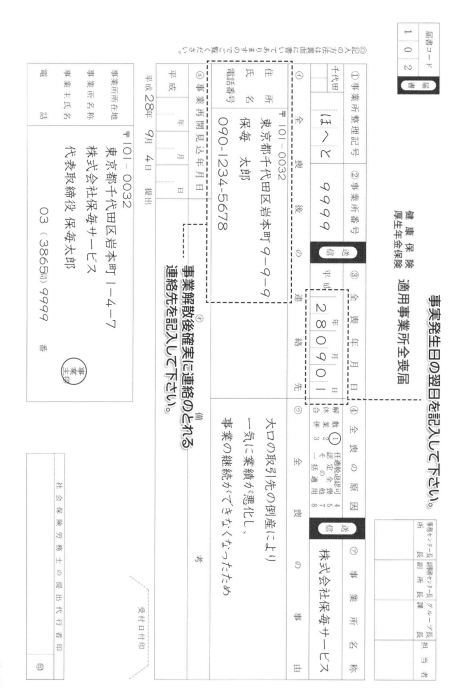

〈こんなことを知っておくと便利！〉

事業所の廃止が決まったら、従業員に退職後の社会保険の説明は不可欠です。社会保険に加入している従業員は退職後「健康保険任意継続制度」を利用することができます。これは退職後も健康保険に継続加入できる制度です。ただし、資格喪失後20日以内に本人が申請しないと制度を利用できなくなるので、注意が必要です。

4-2 【雇用保険】雇用保険の手続き

会社（事業所）を廃止したとき、または雇用保険の被保険者に該当する従業員を雇用しなくなったときは、雇用保険適用事業所廃止届を提出します。

届出書類　：雇用保険適用事業所廃止届［様式番号なし］
提出先　　：所轄公共職業安定所窓口または電子申請
提出期限　：事実発生の日の翌日から10日
添付書類　：《法人事業所の場合》

　　　　　　解散登記の記載がある法人（商業）登記簿謄本のコピー

　　　　　　※事業所廃止の事実（適用事業所ではなくなった場合はその事実）を確認できる書類
　　　　　　※事業所所在地が登記所在地と異なる場合は、「賃貸借契約書」のコピーなど事業所所在地が確認できるものも添付します。

　　　　　　《個人事業所の場合》

　　　　　　適用事業所でなくなった事実を証明できるもの

様式入手元：所轄公共職業安定所窓口またはハローワークインターネットサービスWebサイト

【記入例　雇用保険適用事業所廃止届】

雇用保険適用事業所廃止届

標準字体：0123456789

- 帳票種別：12002
- 1. 法人番号：0123456789999
- ※2. 本日の資格喪失・転出者数：（空欄）人
- 3. 事業所番号：1300-777777-0
- 4. 設置年月日：7-250801（元号7＝平成以外、3昭和 4平成）
- 5. 廃止年月日：4-280831
- 6. 廃止区分：1
- 7. 統合先事業所の事業所番号：（空欄）
- 8. 統合先事業所の設置年月日：（空欄）（3昭和 4平成）

9. 事業所
- （フリガナ）トウキョウトチヨダクイワモトチョウ1-4-7
- 所在地：東京都千代田区岩本町1-4-7
- （フリガナ）カブシキガイシャホマイサービス
- 名称：株式会社保毎サービス

10. 労働保険番号
- 府県：13
- 所掌：1
- 管轄：01
- 基幹番号：888880
- 枝番号：000

11. 廃止理由：経営が悪化し事業の継続ができなくなったため

上記のとおり届けます。

平成28年9月4日

飯田橋 公共職業安定所長 殿

事業主
- 住所：東京都千代田区岩本町1-4-7
- 名称：株式会社保毎サービス
- 氏名：代表取締役 保毎太郎
- 電話番号：03-3865-9999

記名押印又は署名：㊞（事業主）

※公共職業安定所記載欄
届書提出後、事業主が住所を変更する場合又は事業主に承継者等のある場合は、その者の住所・氏名
- （フリガナ）名称：
- （フリガナ）住所：
- （フリガナ）代表者氏名：
- 電話番号：
- 郵便番号：

備考

所長	次長	課長	係長	係	操作者

労働保険事務組合記載欄
- 所在地：
- 名称：
- 代表者氏名：　　㊞

社会保険労務士記載欄
- 作成年月日・提出代行者・事務代理者の表示
- 氏名　　　印
- 電話番号

（この届出は、事業所を廃止した日の翌日から起算して10日以内に提出してください。）

2016.1

4-3 【労働保険】労働保険の精算手続き

　事業所を廃止したときは、労働保険の保険関係が消滅するので、労働保険料の精算をしなければなりません。労働保険料の確定保険料申告書を提出して、年度の当初見込みで計算した概算保険料と実際の保険料の差額を精算する必要があります。

　「確定保険料申告書」の提出期限は保険関係が消滅してから50日以内ですが、確定保険料が概算保険料より多い場合には、差額を同時に納付しなければいけません。

　差額分は、各金融機関を通じて「労働保険確定保険料申告書」に添付されている「領収済通知書（納付書）」で都道府県労働局労働保険特別会計歳入徴収官に納付します。

届出書類　：労働保険確定保険料申告書［様式第6号（第24条、第25条、第33条関係）（甲）］
提出先　　：所轄労働基準監督署窓口または電子申請も可
提出期限　：事業廃止（保険関係消滅）した日の翌日から50日
添付書類　：原則不要
様式入手元：所轄労働基準監督署窓口

【記入例　労働保険　確定保険料申告書】

- 前年度に納付した概算保険料を記入してください。
- 還付金があるので「還付金請求書」を記入します。
- 3枚複写式になっていますので、事業主印は2枚目以降も押印してください。

【労働保険】労働保険の還付手続き

　概算保険料と確定保険料を精算した結果、年度の初めに納付している労働保険料が多かった場合は還付手続きをすることにより、労働保険料の還付金を受けることができます。

届出書類　：労働保険料一般拠出金還付請求書［様式第8号（第36条関係）］
提出先　　：所轄労働基準監督署窓口または電子申請
提出期限　：事業廃止の日の翌日から50日以内
様式入手元：所轄労働基準監督署窓口

【記入例　労働保険料一般拠出金還付請求書】

様式第8号（第36条関係）

労働保険　労働保険料
石綿健康被害救済法　一般拠出金　**還付請求書**

還付金の種別：労働保険料・一般拠出金

種別：**31751**

労働保険番号：**13101888888-000**

① 還付金の払渡しを受けることを希望する金融機関（金融機関のない場合は郵便局）

金融機関
- 金融機関名称（漢字）：**すいか銀行**
- 支店名称（漢字）：**東京**
- 種別：**1**（1.普通　2.当座　3.通知　4.別段）
- 口座番号：**9876543**
- 口座名義人　フリガナ：**カブシキガイシャホマイサービス**
- 口座名義人：**株式会社保毎サービス**

② 還付請求額　（注意）各欄の金額の前に「¥」記号を付さないで下さい

労働保険料 内訳
- （ア）納付した概算保険料の額又は納付した確定保険料の額：**¥120000**
- （イ）確定保険料の額又は改定確定保険料の額：**¥40500**
- （ウ）差額：**¥79500**
- （エ）労働保険料等・一般拠出金等への充当額（詳細は以下3）
- （オ）労働保険料等に充当：**¥0**
- （カ）一般拠出金に充当：**¥60**
- （キ）労働保険料還付請求額（ウ）−（オ）−（カ）：**¥79440**

一般拠出金 内訳
- （ク）納付した一般拠出金：
- （ケ）改定した一般拠出金：
- （コ）差額：
- （サ）一般拠出金・労働保険料等への充当額（詳細は以下3）
- （シ）一般拠出金に充当：
- （ス）労働保険料等に充当：
- （セ）一般拠出金還付請求額（コ）−（シ）−（ス）：

③ 労働保険料等への充当額内訳

充当先事業の労働保険番号	労働保険料等の種別	充当額
13101888888-000	28年度、概算、確定、追徴金、延滞金、一般拠出金	60円
	年度、概算、確定、追徴金、延滞金、一般拠出金	
	年度、概算、確定、追徴金、延滞金、一般拠出金	
	年度、概算、確定、追徴金、延滞金、一般拠出金	
	年度、概算、確定、追徴金、延滞金、一般拠出金	

上記のとおり還付を請求します。
28年9月20日

郵便番号 **101-0032**　電話 **03-3865-9999**
住所：**千代田区岩本町1-4-7**
事業主　名称：**株式会社保毎サービス**
氏名：**代表取締役保毎太郎**
（法人のときは、その名称及び代表者の氏名）
記名押印又は署名㊞

官署支出官厚生労働省労働基準局長　殿
労働局労働保険特別会計資金前渡官吏　殿

還付理由：1.年度更新　2.事業終了　3.その他（算調等）

還付金発生年度（元号・平成は7）

社会保険労務士記載欄

（注意）
1. 1欄について、ゆうちょ銀行を指定した場合、「ゆうちょ銀行記号番号」を記入すること　また、ゆうちょ銀行以外を指定した場合、「種別」「口座番号」を記入すること
2. 還付金の種別欄及び1欄については、事項を選択する場合には該当事項を○で囲むこと
3. 社会保険労務士記載欄は、この届書を社会保険労務士が作成した場合のみ記載すること

第3章
従業員編

1. 従業員を雇ったとき

従業員を雇ったときの手続きです

手続きのポイント〈こんなことに注意！〉

◎雇用契約の内容によって、雇用保険に加入できない人がいます。
◎従業員が雇用保険被保険者証を持っていない場合、前職の社名・在籍期間を確認！
◎満65歳の誕生日以降、新たに会社に雇われた人は、雇用保険に加入できません。
（平成29年1月以降、満65歳以上の人も雇用保険の被保険者となります。）

1-1 【雇用保険】従業員を雇用保険に加入させる手続き

　雇用保険には、会社員が失業した場合の生活補償としての「失業等給付（基本手当）」以外に、育児・介護による休業時や定年（60歳）後の賃金減額を補う給付（高年齢雇用継続給付）があります。従業員の生活の安定に大きく関わりますので、手続は滞りなく行いましょう。

　雇用保険の被保険者となる従業員が入社したら、入社の日から翌月10日までに所轄の公共職業安定所に「雇用保険被保険者資格取得届」を提出しなければなりません。雇用保険被保険者番号は勤務先が変わっても同じ番号を使いますので、資格取得手続きをする際は、従業員に被保険者証を提出してもらいましょう。

　従業員が雇用保険被保険者番号の異なる被保険者証を複数枚持っている場合は、原則、直近の雇用保険被保険者番号で届出します。「雇用保険被保険者資格取得喪失等届訂正取消願」を提出し、雇用保険被保険者番号の継続使用手続きをとりましょう。ただし、この手続きは、各公共職業安定所ごとに独自のルールがあります。手続きの前に所轄公共職業安定所に確認を取るとよいでしょう。

　外国籍の従業員が雇用保険の被保険者となる場合は、雇用保険被保険者資格取得届に国籍名・在留資格（在留期間等）を記載する箇所がありますので、記入漏れのないように注意をしましょう。外国人登録カードや住民票の添付は必要ありません。

　会社は、各種手続きを行うにあたって、従業員から正確な情報を求めなければなりませんが、手続に関係のない個人情報を求めてはいけません。したがって住民票や戸籍謄本・抄本を提出してもらう必要はありません。

【雇用保険の被保険者の種類】

雇用保険の被保険者の種類	
（1）一般被保険者	高年齢継続被保険者、短期雇用特例被保険者および日雇労働被保険者以外の被保険者 （平成29年1月1日より65歳以上の被保険者は「高年齢被保険者」となります。）
（2）高年齢継続被保険者	同一の事業主の適用事業に被保険者として65歳に達した日の前日から引き続いて65歳に達した日以後の日において雇用されている被保険者 （平成29年1月1日より65歳以上の被保険者は「高年齢被保険者」となります。）
（3）短期雇用特例被保険者	季節的に雇用される者※のうち次のいずれにも該当しない者 イ）4か月以内の期間を定めて雇用される者 ロ）1週間の所定労働時間が30時間未満である者 ※この場合の「季節的に雇用される者」とは、季節的業務に期間を定めて雇用される者または季節的に入・離職する者のことをいいます。
（4）日雇労働被保険者	日々雇用される者または30日以内の期間を定めて雇用される者

【雇用保険の被保険者とならない者】

雇用保険の被保険者とならない者（適用除外）
（1）通常の1週間の所定労働時間が20時間未満である者
（2）同一の事業主の適用事業に継続して31日以上雇用されることが見込まれない者

届出書類　：雇用保険被保険者資格取得届［様式第2号］
提出先　　：所轄公共職業安定所
提出期限　：入社日の翌月10日まで
添付書類　：原則不要

　　　　　　ただし、下記①～⑥に該当する場合は添付書類が必要です。
　　　　　　① 事業主として初めての被保険者資格取得届を行う場合
　　　　　　② 被保険者資格取得届の提出期限を過ぎて提出する場合
　　　　　　③ 過去3年間に事業主の届出に起因する不正受給があった場合
　　　　　　④ 労働保険料を滞納している場合
　　　　　　⑤ 著しい不整合がある届出の場合
　　　　　　⑥ 雇用保険法その他労働関係法令に係る著しい違反があった事業主による届出の場合

添付書類　：（上記①～⑥に該当する場合）
　　　　　　・賃金台帳
　　　　　　・労働者名簿
　　　　　　・出勤簿（タイムカード）
　　　　　　・雇用契約期間を確認できる資料（雇用契約書等）
　　　　　　・他の社会保険の資格取得関係書類

様式入手元：所轄公共職業安定所またはハローワークインターネットサービスWebサイト

【記入例　雇用保険被保険者資格取得届】

様式第2号　　雇用保険被保険者資格取得届　　標準字体 0123456789
（必ず第2面の注意事項を読んでから記載してください。）

帳票種別 14101
1. 個人番号 123412341234
2. 被保険者番号 0000-123456-7
3. 取得区分 2（1 新規／2 再取得）
4. 被保険者氏名 金 毎美　フリガナ（カタカナ）キムマイミ
5. 変更後の氏名
6. 性別 2（1 男／2 女）
7. 生年月日 4-030619（元号 2 大正／3 昭和／4 平成）
8. 事業所番号 1300-7777777-0
9. 被保険者となったことの原因 2
   - 1 新規（新規雇用／学卒）
   - 2 新規（その他）雇用
   - 3 日雇からの切替
   - 4 その他
   - 8 出向元への復帰等（65歳以上）
10. 賃金（支払の態様－賃金月額：単位千円） 1-200（1 月給 2 週給 3 日給 4 時間給 5 その他）
11. 資格取得年月日 4-280401
12. 雇用形態 7
    - 1 日雇　2 派遣
    - 3 パートタイム　4 有期契約労働者
    - 5 季節的雇用　6 船員　7 その他
13. 職種 03（01～11）第2面参照
14. 就職経路 1
    - 1 安定所紹介
    - 2 自己就職
    - 3 民間紹介
    - 4 把握していない
15. 1週間の所定労働時間 4000 時間 分
16. 契約期間の定め 2
    - 1 有 — 契約期間 平成 ～ 平成 まで　契約更新条項の有無（1 有／2 無）
    - 2 無

事業所名 株式会社保毎サービス
備考 ※被保険者番号が不明のときは備考欄に前職情報記入します

17欄から22欄までは、被保険者が外国人の場合のみ記入してください。

17. 被保険者氏名（ローマ字）（アルファベット大文字で記入してください。）KIM MAIMI
    被保険者氏名〔続き（ローマ字）〕
18. 国籍・地域（韓国）
19. 在留資格（永住資格）
20. 在留期間 　まで　西暦 年 月 日
21. 資格外活動許可の有無（1 有／2 無）
22. 派遣・請負就労区分
    - 1 派遣・請負労働者として主として当該事業所以外で就労する場合
    - 2 1に該当しない場合

※公共職業安定所欄
23. 取得時被保険者種類
    - 1 一般　2 短期常雇
    - 3 季節　4 高年齢（任意加入）
    - 5 出向元への復帰（65歳以上）等・高年齢
24. 番号複数取得チェック不要（チェック・リストが出力されたが、調査の結果、同一人でなかった場合に「1」を記入。）
25. 国籍・地域コード（18欄に対応するコードを記入）
26. 在留資格コード（19欄に対応するコードを記入）

雇用保険法施行規則第6条第1項の規定により上記のとおり届けます。

住　所　東京都千代田区岩本町1-4-7　　　平成 28年 4月 8日
事業主　氏　名　株式会社保毎サービス
　　　　　　　　代表取締役 保毎太郎
　　　　電話番号　03-3865-9999
記名押印又は署名　事業主印

飯田橋 公共職業安定所長 殿

社会保険労務士記載欄　作成年月日・提出代行者・事務代理者の表示／氏 名／電話番号／印

※所長／次長／課長／係長／係／操作者

備考
確認通知 平成 年 月 日

2016.1

第3章　従業員編

1−2 【社会保険】社会保険には誰を加入させますか?

> **手続きのポイント〈こんなことに注意!〉**
> ◎基礎年金番号が必要!(年金手帳や年金定期便に記載されています)
> ◎「報酬(給与)」には通勤手当・残業代の見込み額などが含まれます。
> ◎扶養家族の有無も確認しましょう!

社会保険に加入すると、病気やケガをした場合の医療保障、老齢・障害・死亡等に伴う稼得所得の減少補てんや生活保障を受けることができます。将来受け取る年金額や、出産や私傷病で長期休業した際の手当金などに影響しますので、速やかに手続きをしましょう。

社会保険の被保険者となるには常用雇用されていなければなりません。しかし、パートやアルバイトなど、一般の従業員(正社員)に比べて短い時間あるいは短い日数で勤務する従業員についても、次の条件のいずれにも該当する場合、社会保険に加入させなければなりません。

① 1日または1週間の所定の労働時間が正社員の所定労働時間の3/4以上
　例)正社員の1日の所定労働時間が7時間の場合、所定労働時間が5時間15分以
② 1カ月の所定労働日数が正社員の労働日数の3/4以上
　例)正社員の1カ月の所定労働日数が20日の場合、所定労働日数が15日以上

● 社会保険加入要件が平成28年10月1日から変わります。

厚生年金保険被保険者の合計が常に500人を超える会社※の場合平成28年10月1日から、ア.〜エ.に該当する短時間労働者も社会保険に加入させなければなりません。

　ア.週の所定労働時間が20時間以上
　イ.月額の賃金が8万8,000円(年収106万円)以上
　ウ.勤務期間が1年以上見込まれること
　エ.学生でないこと

※1年のうち6ヵ月以上、厚生年金保険被保険者の数が500人を超えることが見込まれるとき。

　社会保険に加入する際には、従業員の基礎年金番号と被扶養者となる家族の確認が必要です。基礎年金番号は、年金手帳や年金定期便等に記載されています。従業員が、年金手帳を紛失して基礎年金番号がわからない場合は、前職の会社名・加入期間などを記入した年金手帳再交付申請書を提出します。

　社会保険の被保険者資格取得手続きには、「給料（報酬）」を届け出なければなりません。基本給のほか、役付手当、通勤手当、残業手当（見込み額）などの各種手当を加えたもので、臨時に支払われるものや3か月を超える期間ごとに受ける賞与等を除いた金額を記入してください。これは毎月の社会保険料の算定基礎賃金となりますので、報酬にあてはまるかどうかわからないときは、年金事務所に確認してください（132ページ「社会保険の報酬となるもの・ならないもの」参照）。

　また、従業員が外国籍の場合、年金記録管理を適切に行うため平成26年10月より「ローマ字氏名届」を資格取得等の際に提出することとなりました。

届出書類　：健康保険 厚生年金保険 被保険者資格取得届［様式番号なし］
提出先　　：所轄年金事務所窓口または電子申請
提出期限　：被保険者となった日の翌日から5日以内
添付書類　：原則不要（基礎年金番号は会社で確認してください）ただし、60歳以上の従業員が退職後1日の間もなく再雇用された場合①と②の両方または③が必要です。
　　　　　　① 就業規則、退職辞令の写し（退職日が確認できるものに限る。）
　　　　　　② 雇用契約書の写し（継続して再雇用されたことが分かるものに限る。）
　　　　　　③ ①、②を用意することができない場合は「退職日」及び「再雇用された日」に関する事業主の証明書（事業主印が押印されているものに限る。）
様式入手元：所轄年金事務所窓口または日本年金機構Webサイト

【記入例　健康保険　厚生年金保険　被保険者資格取得届】

第3章　従業員編

【記入例　厚生年金保険被保険者　ローマ字氏名届】

厚生年金保険被保険者　ローマ字氏名届

年金手帳の基礎年金番号	生年月日（西暦）	性別	住民票の有無
4444 - 4444444	1974 年 10 月 14 日	1 男　②女	1 無　②有

被保険者氏名

※漢字氏名「通称名」をお持ちの方は、下記の欄に記入してください（記入は任意です）。

氏名記入欄 (ローマ字)	（フリガナ）キム　マイミ KIM MAIMI
漢字氏名記入欄	（フリガナ）キム　マイミ （名）金　毎美
通称名記入欄	（フリガナ） （氏）　　　　　（名）

※当該被保険者がローマ字氏名をお持ちでない場合は、その理由をチェック（✓）してください。

理由記入欄
□ 短期在留者であるため
□ 海外に住所を有している者であるため
□ 在留カード（または特別永住者証明書）にローマ字氏名が記載されていないため
□ その他（　　　　　）

〒101-0032
事業所所在地　東京都千代田区岩本町1-4-7
事業所名称　株式会社保母サービス
事業主氏名　代表取締役　保母太郎　㊞
電話番号　(03) 3865 - 9999

平成28年 4 月 5 日 提出

社会保険労務士の提出代行者印　㊞

【記入上の注意】
1 「住民票の有無」欄は、該当する番号を○で囲んでください。
2 フリガナは、被保険者資格取得届に記入したものと同じフリガナを記入してください。
3 ローマ字氏名は、在留カード若しくは特別永住者証明書又は住民票に記載されているローマ字氏名を大文字で記入してください。なお、ローマ字氏名をお持ちでない方については、「理由記入欄」にその理由を記入してください。
4 事業主の押印については、署名（自署）の場合は省略できます。

	年金事務所 受付印	事務センター 受付印

グループ長	課長	担当者

72073

1. 従業員を雇ったとき

1-3 【社会保険】被扶養者の手続き

手続きのポイント〈こんなことに注意！〉

◎被扶養者には決められた範囲があります。
◎被扶養者になるには収入要件があります。
◎被扶養者となる配偶者は同時に国民年金第三号被保険者の手続きをしなければなりません

　健康保険では、被保険者が病気になったり、けがをしたり、亡くなってしまった場合、または、出産した場合に保険給付が行われます。その被扶養者についての病気・けが・死亡・出産についても保険給付が行われますが、被扶養者となる家族については範囲・収入など条件があります。

【被扶養者の範囲】

被扶養者の範囲	
被保険者と同居・別居どちらでも可	被保険者と同居
被保険者の父母や祖父母などの直系尊属・配偶者（事実婚含む）・子・孫・弟妹	兄姉※・甥姪（その配偶者含む）・配偶者の父母や子など

※平成29年10月より兄姉の同居要件はなくなります。

【被扶養者の範囲図】

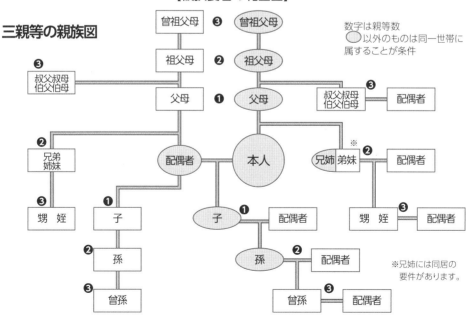

【被扶養者の条件】

被扶養者の条件
①主として被保険者に生計を維持されている。
②年収130万円未満である。（給与、雑所得、失業保険・育児休業給付金・出産手当金などの公的給付金等含む）
③被保険者の収入の半分未満である。（被保険者の収入の半分以上であっても、被保険者の年収を上回らないときは総合的に世帯の生計状態を考慮し、被扶養者と認められる場合もあります）

※60歳以上の人または障害者は、年収「130万円未満」が「180万円未満」となります。
※健康保険組合は独自の基準がありますので、必ず確認してください。

　健康保険の被扶養者の「収入」は、給与収入だけではありません。年金収入や不動産収入などすべての収入のことをいいます。例えば、被保険者の妻が無職であっても、失業等給付（基本手当）や出産・傷病手当金を1日3,612円以上受給しているときは扶養に入れません。（60歳以上の人または障害者は1日5,000円以上）

「健康保険被扶養者（異動）届」は複写式の書類で、の3枚目は、被扶養配偶者の国民年金第3号被保険者資格取得・種別変更・種別確認（3号該当）届です。被保険者の配偶者が20歳以上60歳未満であり、健康保険の被保険者の被扶養者となる場合は原則、国民年金の第3号被保険者となりますので、「健康保険被扶養者（異動）届」と併せて届書を提出してください。配偶者の基礎年金番号の記入漏れに特に注意してください。

提出書類　：健康保険被扶養者（異動）届［様式番号なし］
　　　　　　国民年金第3号被保険者資格取得・種別変更・種別確認（3号該当）届［様式番号なし］
提出先　　：所轄年金事務所または電子申請
提出期限　：被扶養者となった日の翌日から5日以内

添付書類 :

(1)所得税法上の控除対象配偶者または扶養親族の場合	●事業主の証明があれば添付書類不要 （ただし、被扶養者になった日が、年金事務所の受付日より60日以上前である場合は、扶養の事実を確認するできる書類が必要）
(2)(1)以外の人	●退職したことにより収入要件を満たす場合 退職証明書、または雇用保険被保険者離職票のコピー
	●年金受給中の場合 年金額の改定通知書などのコピー（年金の受取額がわかるもの）
	●16歳以上の方で他の収入がある場合、もしくは収入がない場合 課税証明書もしくは非課税証明書
	●同居要件のある人 被保険者の世帯全員の住民票（コピー不可、個人番号の記載のないもの）

※昼間部の学生の場合は、「職業」の欄に学校の種類（高校、大学、専門学校等）、学年を記入することで添付書類は不要

電子申請をする場合は、被保険者および配偶者が手続きを事業主に委任する旨の委任状

様式入手元：所轄年金事務所窓口および、日本年金機構Webサイト

〈間違えやすい！「扶養」の意味〉

　従業員が「家族を扶養に入れてほしい」と申出てくることはよくあります。ここで気を付けて頂きたいのは、「扶養」には２つの種類があるということです。１つは「社会保険」、もう１つは「税金」の扶養です。この２つは同じ言葉でも扶養の範囲・収入要件などまったく違います。混乱し易いところなので、注意しましょう！

【記入例　健康保険被扶養者異動届】

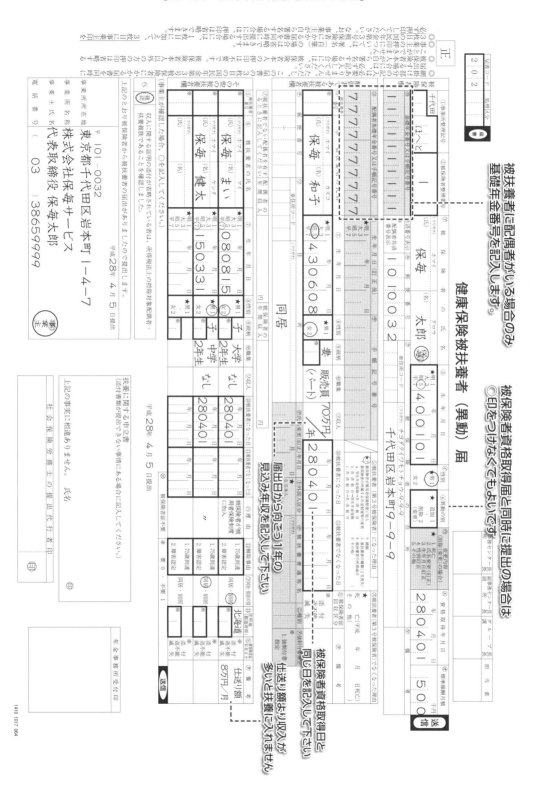

【記入例　国民年金第3号被保険者資格取得届】

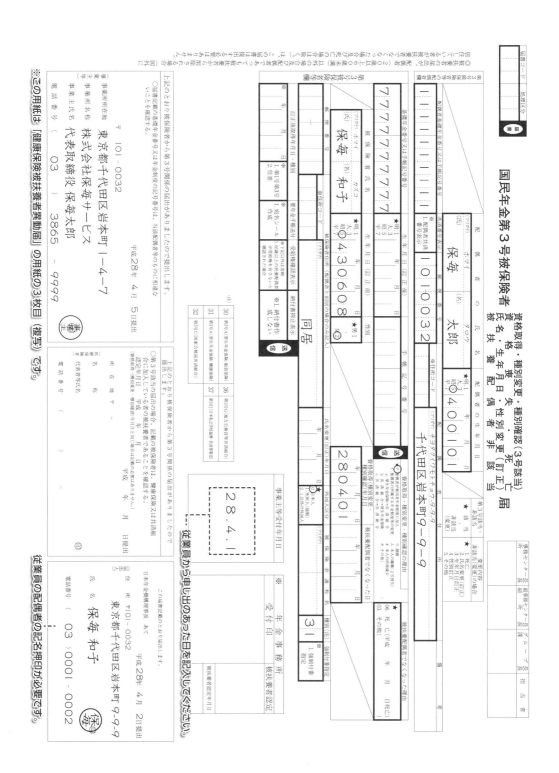

2. 従業員が結婚したとき

手続きのポイント〈こんなことに注意！〉

◎結婚後、旧姓で働いていても、戸籍上の苗字が変われば、社会保険・労働保険の手続きを行わなければなりません。
◎結婚を機に転居する従業員も多いので、社会保険の住所変更手続きも必要です。

2-1 【社会保険】氏名変更届及び住所変更届

　従業員から結婚の報告があるのは喜ばしいことですね。旧姓で会社勤めを続ける方も多いと思いますが、結婚後の別性は法律上認められていません。戸籍上の苗字が変わったら速やかに手続きを行う必要があります。

　結婚して、苗字が変わる従業員がいる場合、「健康保険 厚生年金 保険被保険者氏名変更（訂正）届」を所轄年金事務所に提出しなければなりません。従業員からは、健康保険被保険者証と年金手帳を提出してもらいましょう。旧姓の健康保険被保険者証を添えて手続きをすると、後日新姓の健康保険被保険者証が事業所あてに届きます。年金手帳の「氏名変更欄」には、新姓を事業所が記名して良いこととなっておりますので、間違いのないよう注意して記名してください。年金事務所に年金手帳を持って行くと、年金事務所でも「氏名変更欄」に新しい氏名を記入してもらえます。

　引っ越しをして住所が変わる場合は、『3．従業員が転居（91ページ）』を参考にしてください。

届出書類　：健康保険 厚生年金保険 被保険者氏名変更（訂正）届［様式番号なし］
提出先　　：所轄年金事務所窓口または電子申請
提出期限　：速やかに
添付書類　：旧姓の健康保険被保険者証（保険証）
様式入手元：所轄年金事務所または日本年金機構Webサイト

【記入例　健康保険　厚生年金保険　被保険者氏名変更（訂正）届】

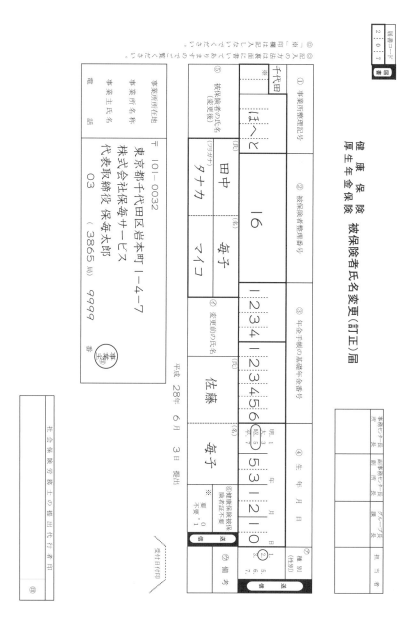

2-2 【雇用保険】氏名変更届

　雇用保険についても氏名変更の手続きが必要です。所轄の公共職業安定所にて手続きを行います。運転免許証や年金手帳など氏名の変更がわかる資料を添付します。

　雇用保険の場合、住所が変更しても届出は必要ありません。

届出書類　　：雇用保険被保険者氏名変更届［様式第4号］
提出先　　　：所轄公共職業安定所窓口および電子申請
提出期限　　：速やかに
添付書類　　：氏名を変更したことがわかる資料
様式入手元　：所轄公共職業安定所窓口またはハローワークインターネットサービスWeb
　　　　　　　サイト

【記入例　雇用保険被保険者氏名変更届)】

様式第4号　（移行処理用）　**雇用保険被保険者　資格喪失届／氏名変更届**

標準字体 0 1 2 3 4 5 6 7 8 9
（必ず第2面の注意事項を読んでから記載してください。）

※帳票種別　1 3 1 9　□0 氏名変更届　□1 資格喪失届

1. 個人番号　9 8 7 6 5 4 3 2 1 X X X
2. 被保険者番号　5 5 5 5 - 1 2 3 4 5 6 - 7
3. 事業所番号　1 3 0 0 - 7 7 7 7 7 7 - 0
4. 資格取得年月日　7 - 2 7 0 4 0 1（3 昭和／4 平成）
5. 離職等年月日　4 -
6. 喪失原因（1 離職以外の理由／2 3以外の離職／3 事業主の都合による離職）
7. 離職票交付希望（1 有／2 無）
8. 1週間の所定労働時間
9. 補充採用予定の有無（空白 無／1 有）
10. 新氏名　田中 毎子　フリガナ（カタカナ）タナカ マイコ

※公共職業安定所記載欄
11. 喪失時被保険者種類（3 季節）
12. 国籍・地域コード（17欄に対応するコードを記入）
13. 在留資格コード（18欄に対応するコードを記入）

14欄から18欄までは、被保険者が外国人の場合のみ記入してください。
14. 被保険者氏名（ローマ字）または新氏名（ローマ字）（アルファベット大文字で記入してください。）
被保険者氏名（ローマ字）または新氏名（ローマ字）〔続き〕
15. 在留期間　西暦　年　月　日まで
16. 派遣・請負就労区分（1 派遣・請負労働者として主として当該事業所以外で就労していた場合／2 1に該当しない場合）
17. 国籍・地域
18. 在留資格

19. (フリガナ) 被保険者氏名	サトウ マイコ 佐藤 毎子	20. 性別	男・㊛	21. 生年月日	大正・㊌・平成 53年 12月 10日
22. 被保険者の住所又は居所					
23. 事業所名称	株式会社保毎サービス	24. 氏名変更年月日		平成 28年 6月 1日	
25. 被保険者でなくなったことの原因					

雇用保険法施行規則第7条第1項・第14条第1項の規定により、上記のとおり届けます。

平成 28年 6月 3日

住　所　東京都千代田区岩本町1-4-7
事業主　氏　名　代表取締役 保毎太郎
　　　　電話番号　03-3865-9999

記名押印又は署名　㊞事業主　飯田橋

公共職業安定所長　殿

社会保険労務士記載欄	作成年月日・提出代行者・事務代理者の表示	氏　名	電話番号	安定所備考欄	
		印			

※	所長	次長	課長	係長	係	操作者

確認通知年月日　平成　年　月　日

2016. 1

3. 従業員が転居

結婚を機に引っ越す従業員も多いことでしょう。社会保険では住所の管理をしておりますので、住所が変更となったことの届出が必要です。

> **手続きのポイント〈こんなことに注意！〉**
> ◎従業員が住所を変更したら社会保険の手続きが必要です
> ◎従業員が扶養している配偶者の住所変更も会社経由で行うことができます
> ◎会社の転勤で勤務場所が変更したら雇用保険の転勤手続きが必要です

3-1 【社会保険】健康保険・厚生年金保険の手続き

結婚により従業員が引っ越したときは、年金事務所への住所変更の届出が必要です。この届出を怠ると、従業員が「年金」についての重要書類を受け取ることができなくなることもあります。従業員が転居したら、必ず「健康保険厚生年金保険 被保険者住所変更届」を年金事務所に提出してください。この届出書類は複写式となっていて、配偶者が被扶養者となっている場合、「国民年金第3号被保険者住所変更届」も同時に提出することができます。

提出書類　：健康保険 厚生年金保険 被保険者住所変更届［様式番号なし］
　　　　　　国民年金第3号被保険者住所変更届［様式番号なし］
提出先　　：所轄年金事務所または電子申請
提出期限　：速やかに
添付書類　：不要
様式入手元：所轄年金事務所窓口または日本年金機構Webサイト

【記入例　健康保険　厚生年金保険　被保険者住所変更届】

健康保険 厚生年金保険 被保険者住所変更届

届書コード 2 1 8

① 事業所整理記号　はへと 20
② 被保険者整理番号　3
③ 年金手帳の基礎年金番号　7654321098
被保険者の氏名　(フリガナ) スズキ リョウタ　鈴木 良太
④ 生年月日　7.平成 010420
変更年月日　平成 280515

変更後 ⑤ 住所　郵便番号 3300081　神奈川（都道府県）横浜市港北区新横浜99-99
変更前 住所　埼玉（都道府県）さいたま市中央区新都心100 サイタマシチュウオウクシントシン100

⑥ 年金手帳の基礎年金番号　456789012
⑦ 生年月日　7.平成 610728
配偶者氏名　鈴木 幸子 (フリガナ) スズキ サチコ

被扶養配偶者の住所変更欄

変更後 ⑫ 住所

平成 28 年 5 月 20 日提出

事業所所在地　東京都千代田区岩本町1-4-7
事業所名称　株式会社保険サービス
事業主氏名　代表取締役 保険 太郎 ㊞
電話番号　03-3865-9999

社会保険労務士の提出代行者印

【記入例　国民年金第3号被保険者住所変更届】

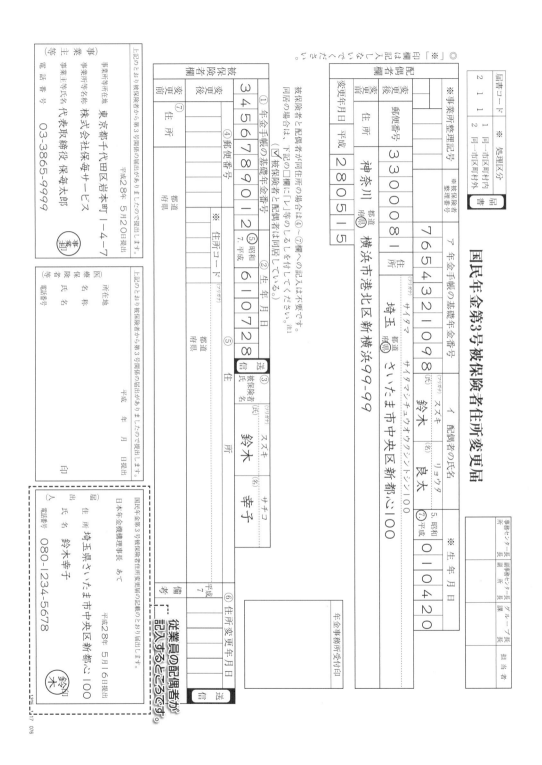

3-2 【雇用保険】雇用保険の手続き

雇用保険の場合は従業員が転居しても届出は必要ありません。

4. 従業員が転勤したとき

従業員が転勤したときは、それぞれ保険の手続きが必要です。ただし、転勤先（支店）に総務部（人事部）のような事務機能がない場合、本社で事務手続きを一括して行うことができます。本社一括で行う場合は、あらかじめ届出をしておく必要がありますので、「第2章 会社編 3．手続きを本社一括で行うとき」（55ページ）を参照ください。

4-1 【社会保険】転勤したときの手続き

社会保険に加入している従業員が転勤したときは、転勤前の事業所で被保険者資格喪失の手続きを行い、転勤後の事業所で新たに被保険者資格取得の手続きを行います。

例えば、今までは東京で働いていた従業員が、大阪に転勤になった場合などに手続きをします。

4-2 【雇用保険】転勤したときの手続き

会社の転勤により、従業員が別の事業所で勤務することとなった場合は、「雇用保険被保険者転勤届」を提出します。

届出書類　：雇用保険被保険者転勤届［様式第10号］
提出先　　：所轄公共職業安定所窓口または電子申請
提出期限　：転勤した日の翌日から10日以内
添付書類　：雇用保険被保険者証、雇用保険被保険者資格喪失届・氏名変更届、転勤の事実および転勤日が確認できる書類
様式入手元：所轄公共職業安定所またはハローワークインターネットサービスWebサイト

【記入例　雇用保険被保険者転勤届】

様式第10号　　　　　雇用保険被保険者転勤届

帳票種別　12106

1. 被保険者番号　6666-123456-7
2. 生年月日　4-010420（2 大正　3 昭和　4 平成）
3. 被保険者氏名　鈴木良太　　フリガナ（カタカナ）スズキ　リョウタ
4. 資格取得年月日　4-260401（3 昭和　4 平成）
5. 事業所番号　1300-777777-0
6. 転勤前の事業所番号　1400-666666-0
7. 転勤年月日　4-280401
8. 転勤前事業所名称・所在地　株式会社保毎サービス　横浜営業所
9. 備考

（この用紙は、このまま機械で処理しますので、汚さないようにしてください。）

雇用保険法施行規則第13条第1項の規定により上記のとおり届けます。

平成28年 4月 8日

住　所　東京都千代田区岩本町1-4-7
事業主　氏　名　株式会社保毎サービス
　　　　　　　　代表取締役　保毎太郎
　　　　電話番号　03-3865-9999

記名押印又は署名　㊞

飯田橋 公共職業安定所長　殿

4. 従業員が転勤したとき　　95

5. 保険証や年金手帳の再交付

　被保険者証や年金手帳は大切に保管しておかなければなりませんが、万が一紛失したり毀損した場合は再交付することができます。

> **手続きのポイント〈こんなところに要注意！〉**
> ◎健康保険証の被保険者証の番号を従業員別に管理しておきましょう！
> ◎基礎年金番号の手がかりは前職の加入履歴！

5-1 【社会保険】健康保険証をなくしたら

　健康保険被保険者証の再交付は所轄の「協会けんぽ（全国健康保険協会都道府県支部）」に「健康保険被保険者証再交付申請書」を提出します（年金事務所によっては、「協会けんぽ」の受付窓口が設置してあるところもあります）。原則郵送ですが、緊急な場合は「協会けんぽ」の窓口に持参することもできます。「協会けんぽ」は、都道府県ごとの運営となっていますので、詳細は窓口にて確認してください。被扶養者の被保険者証再交付手続きも同様となります。病院にかかる時に、健康保険被保険者証の提示がないと全額負担しなければなりません。健康保険被保険者証の番号を従業員別に管理しておくと緊急な場合でもすぐに対応することができます。なお、健康保険被保険者証は身分証明書の一部となる場合がありますので、従業員から紛失・盗難などによって再交付の申出があった場合は、最寄りの警察署等に届け出をしてください。

届出書類　：健康保険被保険者証再交付申請書［様式番号なし］
提出先　　：所轄の全国健康保険協会都道府県支部
提出方法　：郵送（「全国健康保険協会都道府県支部」の窓口持参も可）
提出期限　：速やかに
添付書類　：き損の場合はき損した健康保険被保険者証
様式入手元：所轄年金事務所窓口または全国健康保険協会Webサイト

【記入例　健康保険被保険者証再交付申請書】

健康保険 被保険者証 再交付申請書

被保険者（申請者）記入用

記入方法および添付書類等については、「健康保険 被保険者証 再交付申請書 記入の手引き」をご確認ください。
届書（申請書）は、楷書で枠内に丁寧にご記入ください。　記入見本　0 1 2 3 4 5 6 7 8 9 ア イ ウ

被保険者情報

被保険者証の（左づめ）
- 記号：12345678
- 番号：20
- 生年月日：☑平成 01 04 20

氏名・印：スズキ　リョウタ　鈴木 良太　㊞鈴木
自署の場合は押印を省略できます。

住所：〒330-9111　埼玉（都道府県）　さいたま市中央区 新都心100
電話番号（日中の連絡先）：TEL 090 (9876) 5432

再交付が必要な方

氏名	生年月日	性別	再交付の理由
鈴木 幸子	☑昭和 61年 7月28日 □平成	□男 ☑女	☑滅失 □き損 □その他
	□昭和 □平成　年　月　日	□男 □女	□滅失 □き損 □その他
	□昭和 □平成　年　月　日	□男 □女	□滅失 □き損 □その他

再交付の理由が「滅失」「その他」の場合は詳細な理由を記入します

備考：外出した際、保険証の入った財布をどこかに置き忘れ、行方がわからなくなったため。

上記のとおり被保険者証の再交付について、申請します。　平成 28年 7月 1日

事業主欄

上記のとおり被保険者から再交付の申請がありましたので届出いたします。

- 事業所所在地：〒101-0032　東京都千代田区岩本町1-4-7
- 事業所名称：株式会社保毎サービス
- 事業主氏名：代表取締役 保毎太郎　㊞事業主
- 電話：03(3865)9999

・任意継続被保険者の方は事業主欄の記入は不要です。
・事業主の自署の場合は押印を省略できます。

社会保険労務士の提出代行者名記載欄　㊞

様式番号：211116

受付日付印

全国健康保険協会　協会けんぽ

(1/1)

5-2 【社会保険】年金手帳をなくしたら

　年金手帳は頻繁に利用するものではありませんが、年金（老齢・障害・遺族）の受給申請する際に必要です。それ以外でも基礎年金番号や年金加入履歴の確認に必要となりますので、従業員から紛失の連絡があったら速やかに対応しましょう。基礎年金番号がわからないときは、従業員の前職の加入履歴から基礎年金番号を照会することができますので、届出書類には前職情報を正確に記入しましょう。

届出書類　　：年金手帳再交付申請書
提出先　　　：所轄年金事務所
添付書類　　：き損の場合はき損した年金手帳
様式入手元：所轄年金事務所窓口または日本年金機構Webサイト

【記入例　年金手帳再交付申請書】

年金手帳再交付申請書

届書コード 2062

① 年金手帳の基礎年金番号	7654 321098

② 生年月日 ⑤昭和 01·04·20

③ 事由 1.紛失 (2.毀損(汚れ)) 9.その他

④ 年金手帳 0.交付要 1.交付否

⑥ (フリガナ) スズキ リョウタ
氏名　鈴木　良太

性別 ①男 2.女

住所 (フリガナ) サイタマケンサイタマシチュウオウクシントシン100
埼玉県さいたま市中央区新都心100
電話 090(9876)5432

⑦ 最初に被保険者として使用されていた事業所の名称、所在地 (又は船舶所有者の氏名、住所)及び取得年月日

⑧ 現に加入している(又は最後に加入していた)事業所の名称、所在地(又は船舶所有者の氏名、住所)

名称　株式会社保母サービス
所在地　千代田区岩本町1-4-7
取得年月日　28年 4月 1日
喪失年月日　　年　月　日

⑩ 上記のとおり再交付申請がありましたので、届出いたします。

平成28年 7月 1日 提出

事業所所在地　〒101-0032
　東京都千代田区岩本町1-4-7
事業所名称　株式会社保母サービス
事業主氏名　代表取締役　保母太郎 ㊞
電話　03(3865)9999

⑨ 社会保険労務士の提出代行者印

受付印　市区町村　年金事務所

○ご記入にあたって
★印欄は必ず記入してください。
○この申請書は、国民年金、厚生年金保険、船員保険の被保険者又は被保険者であった方が年金手帳の再交付を申請するときに使用します。
○事業主が申請書を提出する場合は、被保険者印欄の押印は不要です。
○共済組合に該当する方は、共済組合でお手続きください。

⑦欄は、最初に被保険者として資格を取得した事業所について記入します。

⑧欄は、現在の事業所で資格を取得していない場合に記入します。

①欄は、基礎年金番号が不明の場合に記入してください。

5-3 【雇用保険】雇用保険被保険者証の再交付

　雇用保険被保険者番号は、離職と再就職を繰り返しても、原則変わりません。雇用保険被保険者証を紛失した場合であって雇用保険番号が不明の場合は、前職の加入履歴から雇用保険被保険者番号を照会することができますので、申請書には前職情報を正確に記入しましょう。

届出書類　：雇用保険被保険者再交付申請書［様式第8号］
提出先　　：所轄公共職業安定所
添付書類　：き損の場合はき損した雇用保険被保険者証
様式入手元：所轄公共職業安定所窓口またはハローワークインターネットサービスWebサイト

【記入例　雇用保険被保険者証再交付申請書】

様式第8号

※	所長	次長	課長	係長	係

雇用保険被保険者証再交付申請書

申請者	1. 氏名	フリガナ　スズキ　リョウタ 鈴木　良太	2. 性別　①男　2女	3. 生年月日　大・昭・㊢　1年 4月20日	
	4. 住所又は居所	埼玉県さいたま市中央区新都心100		郵便番号　330-9111	
現に被保険者として雇用されている事業所	5. 名称	株式会社保毎サービス		電話番号　03-3865-9999	
	6. 所在地	千代田区岩本町1-4-7		郵便番号　101-0032	
最後に被保険者として雇用されていた事業所	7. 名称			電話番号	
	8. 所在地			郵便番号　－	
9. 取得年月日		26年　4月　1日			
10. 被保険者番号		6666-123456-7		※安定所確認印	
11. 被保険者証の滅失又は損傷の理由		転居の際、誤って捨ててしまった。			

雇用保険法施行規則第10条第3項の規定により上記のとおり雇用保険被保険者証の再交付を申請します。

平成28年　6月13日

飯田橋　公共職業安定所長　殿

申請者氏名　鈴木良太　　　　記名押印又は署名　㊞鈴木

※ 再交付年月日	平成　年　月　日	※備考	

注意
1. 被保険者証を損傷したことにより再交付の申請をする者は、この申請書に損傷した被保険者証を添えること。
2. 1欄には、滅失又は損傷した被保険者証に記載されていたものと同一のものを明確に記載すること。
3. 5欄及び6欄には、申請者が現に被保険者として雇用されている者である場合に、その雇用されている事業所の名称及び所在地をそれぞれ記載すること。
4. 7欄及び8欄には、申請者が現に被保険者として雇用されている者でない場合に、最後に被保険者として雇用されていた事業所の名称及び所在地をそれぞれ記載すること。
5. 9欄には、最後に被保険者となったことの原因となる事実のあった年月日を記載すること。
6. 申請者氏名については、記名押印又は署名のいずれかにより記載すること。
7. ※印欄には、記載しないこと。
8. なお、本手続は電子申請による届出も可能です。詳しくは公共職業安定所までお問い合わせください。

2011. 1

6. 高齢者を雇用する場合

手続きのポイント！〈こんなことに注意！〉

◎60歳時点での賃金と比較して賃金が下がった場合は、「高年齢雇用継続給付金」が本人に支給されます。
◎64歳で迎える4月1日以降→雇用保険料が免除されます（平成32年4月1日廃止）
◎介護保険料は65歳以上、厚生年金保険料は70歳以上、健康保険料は75歳以上で会社負担分がなくなります！

日本は高齢社会と言われて久しく、元気に働く高齢者が多くなりました。60歳を過ぎると、年齢によって加入できる保険が変わります。生年月日をしっかり把握し、手続き漏れのないよう注意しましょう。

6-1 【雇用保険】高年齢雇用継続給付金

●雇用保険料の高年齢被保険者の免除制度

現状の雇用保険では、4月1日時点で満64歳以上の被保険者については、労使ともに保険料が免除されます。しかしながら、平成32年4月1日にこの制度は廃止されます。

●高年齢雇用継続給付金

「高年齢雇用継続給付金」とは、60歳以降、給料が下がっても働き続ける高齢者に対して、支給される給付金です。

日本では、定年年齢を定めている会社は全体の9割程度、そして、その中で60歳を定年年齢としている会社は8割強です（『平成27年就労条件総合調査』厚生労働省より）。法律（高年齢者雇用安定法）では65歳までの雇用を会社に義務付けているため、従業員が定年退職をした後、再雇用制度を導入している会社が多いようです。定年を境に労働条件が変わる場合もあり、それに伴い給料が下がることもあります。

「高年齢雇用継続給付」は、60歳時点での給料と60歳以降の給料を比較し、75％未満に下がった場合、支給されます。

「高年齢雇用継続給付」には、基本手当（再就職手当など基本手当を支給したとみなされる給付を含む）を受給していない者を対象とする「高年齢雇用継続基本給付金」と基本手当を受給し再就職した者を対象とする「高年齢再就職給付金」があります。どちらも細かい要件がありますので、手続きをする際には十分に注意をしましょう。

[基本手当の受給を受けていない場合に受給できる高年齢雇用継続基本給付金]
　高年齢雇用継続給付金の申請手続きは、会社が行うこととなっています。

（1）支給対象者は以下の要件をすべて満たした人です
　　①60歳以上65歳未満の一般被保険者（各暦日の初日から末日まで被保険者であることが必要です）
　　②雇用保険の被保険者であった期間が通算して5年以上ある
　　　（60歳到達時点で雇用保険の被保険者であった期間が5年未満であっても、60歳以上65歳未満の間に被保険者期間が5年になった時点で受給要件を満たします）
　　③60歳以降の賃金が60歳時点の賃金（「雇用保険被保険者六十歳到達時等賃金証明書」により登録した賃金（以下賃金月額）と比べて、75％未満に低下した状態で働き続ける場合

【60歳到達時点で受給資格を満たした場合 その1】

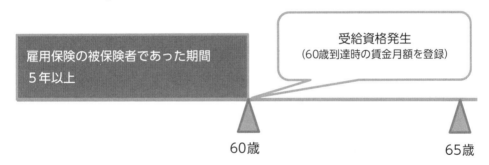

【60歳到達時点で受給資格を満たした場合 その2】

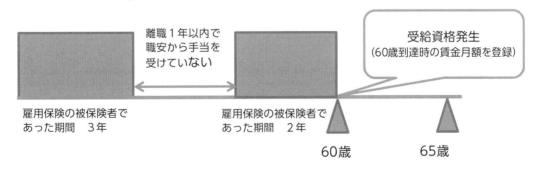

【60歳到達後に受給資格を満たした場合 その３】

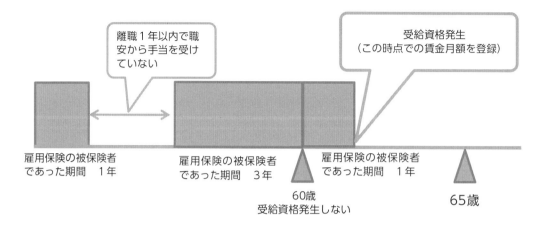

（２）支給額

　高年齢雇用継続給付の支給額は、下表の支給率を目安に算出してください。

【高年齢雇用継続給付支給率表】

賃金低下率 60歳以降の賃金÷60歳到達時の賃金月額×100	支給率 60歳以降の賃金×支給率＝給付額	賃金低下率 60歳以降の賃金÷60歳到達時の賃金月額×100	支給率 60歳以降の賃金×支給率＝給付額
75％以上	0.00％	67.5％	7.26％
74.5％	0.44％	67.0％	7.80％
74.0％	0.88％	66.5％	8.35％
73.5％	1.33％	66.0％	8.91％
73.0％	1.79％	65.5％	9.48％
72.5％	2.25％	65.0％	10.05％
72.0％	2.72％	64.5％	10.64％
71.5％	3.20％	64.0％	11.23％
71.0％	3.68％	63.5％	11.84％
70.5％	4.17％	63.0％	12.45％
70.0％	4.67％	62.5％	13.07％
69.5％	5.17％	62.0％	13.70％
69.0％	5.68％	61.5％	14.35％
68.5％	6.20％	61.0％以下	15.00％
68.0％	6.73％		

　60歳以上65歳未満の各月の賃金が60歳時点の賃金月額の61％以下に低下した場合は、各月の賃金の15％相当額となり、60歳時点の賃金月額の61％超75％未満に低下した場合は、その低下率に応じて、各月の賃金の15％相当額未満の額となります（上限額を超えた場合は、支給されません。また、下限額に達していない場合も支給されません）

【高年齢雇用継続基本給付金支給額計算例】

例1	・60歳時点賃金月額　　　　　　　　28万円 ・各月に支払われた実際の給料　　　19万円 ・欠勤控除額　　　　　　　　　　　6千円 欠勤控除額があるので、「欠勤しなかった場合の支給額（みなし賃金額）」を算出します。 19万円＋6000円＝19万6000円（みなし賃金額） 60歳時点賃金月額と比べてみなし賃金額の低下率を計算します。 19万6000円÷28万円＝70.00％（低下率） 19万円（実際の給料）×4.67％（支給率）＝8,873円（支給額）
例2	・60歳時点賃金月額　　　　　　　　28万円 ・各月に支払われた実際の給料　　　20万円 ・欠勤控除額　　　　　　　　　　　2万円 欠勤控除額があるので、「欠勤しなかった場合の支給額（みなし賃金額）」を算出します。 20万円＋2万円＝22万円（みなし賃金額） 60歳時点賃金月額と比べてみなし賃金額の低下率を計算します。 22万円÷28万円＝78.58％（低下率） 実際の給料は20万円なので、20万円÷28万円＝71.43％で、75％未満に低下していますが、みなし賃金額で低下率を算出するので、この場合75％を超えているため不支給となります。
例3	・60歳時点賃金月額　　　　　　　　26万円 ・各月に支払われた実際の給料　　　15万円 ・欠勤控除額　　　　　　　　　　　なし 欠勤控除額がないので、実際の給料額で低下率を算出します。 15万円÷26万円＝57.7％（低下率） 低下率が61％以下のため、支給率は15.00％となります。 15万円×15.00％＝22,500円（支給額）

（3）支給期間

　高年齢雇用継続基本給付金の支給対象期間は、被保険者が60歳に達した月から65歳に達する月までです（60歳に達した日とは誕生日の前の日のことをいいます。6月1日が60歳の誕生日の場合、5月31日が「60歳に達した日」となります）。ただし、60歳時点において、雇用保険の被保険者であった期間が5年に満たない場合は、雇用保険被保険者期間が5年となった月から、この給付金の支給対象期間となります。この場合の賃金月額は60歳時点の賃金ではなく、雇用保険被保険者期間が5年となった時点の賃金となります。

（4）在職老齢年金との併給調整

　社会保険に加入している在職老齢年金（特別支給の老齢厚生年金）（詳細は第3章6－2【社会保険】年齢で社会保険の扱いが違います」110ページ参照）受給者が、高年齢雇用継続給付を受ける場合、高年齢雇用継続給付の給付額に応じて在職老齢年金の一部が支給停止される場合があります。複雑な制度なので、対象となる従業員が誤解することのないよう説明をしましょう。

【高年齢雇用継続給付金と在職老齢年金の併給調整①】

標準報酬月額が、60達時の賃金月額の61％以下である場合	→	老齢厚生年金について、標準報酬月額の6％相当額が支給停止されます。 例：・60歳時点賃金月額25万円 ・各月に実際に支払われた給料15万円 ・欠勤控除なし ・標準報酬月額　15万円 15万円÷25万円＝60％（低下率） 15万円×15％＝22,500円（支給額） 15万円×6％＝9,000円（年金停止額）
標準報酬月額が、60歳到達時の賃金月額の61％を超えて75％未満の場合	→	老齢厚生年金について、標準報酬月額の6％から徐々に逓減する率（支給停止率）を乗じて得た額が支給停止されます。（※早見表参照） 例：・60歳時点賃金月額40万円 ・各月に実際に支払われた給料28万円 ・欠勤控除なし ・標準報酬月額　28万円 28万円÷40万円＝70％（低下率） 28万円×4.67％＝13,076円（支給額） 28万円×1.87％＝5,236円（年金停止額）
標準報酬月額が、60歳到達時の賃金月額の75％以上である場合、又は標準報酬月額が高年齢雇用継続給付の支給限度額以上の場合	→	併給調整は行われません

【「60歳到達時の賃金月額」に対する「標準報酬月額」の割合に応じた年金の支給停止率】

標準報酬月額／60歳到達時賃金月額	支給停止率	標準報酬月額／60歳到達時賃金月額	支給停止率
75.00％以上	0.00％	67.00％	3.12％
74.00％	0.35％	66.00％	3.56％
73.00％	0.72％	65.00％	4.02％
72.00％	1.09％	64.00％	4.49％
71.00％	1.47％	63.00％	4.98％
70.00％	1.87％	62.00％	5.48％
69.00％	2.27％	61.00％以下	6.00％
68.00％	2.69％		

届出書類　：①初回の支給申請
　　　　　　　雇用保険被保険者六十歳到達時等賃金証明書［様式第33号の4］
　　　　　　　高年齢雇用継続給付受給資格確認票・（初回）高年齢雇用継続給付支給申

　　　　　　請書［様式第33号の3］

　　　　　②2回目以降の支給申請

　　　　　　高年齢雇用継続給付支給申請書［様式第33号の3の2（第101条の5、第101条の7関係］（職業安定所より申請書が本人に届きます）

提出先　：所轄公共職業安定所の窓口および電子申請も可

提出期限：①初回の支給申請

　　　　　　最初に支給を受けようとする支給対象月（受給要件を満たし、給付金の支給の対象となった月をいいます。）の初日から起算して4カ月以内

　　　　　②2回目以降の支給申請

　　　　　　所轄安定所長が指定する支給申請月の支給申請日

　　　　※ 公共職業安定所（ハローワーク）から交付される「高年齢雇用継続給付次回支給申請日指定通知書」に印字されています。2回目以降の支給申請期限は2カ月ごとになり、提出期限を過ぎてしまうと従業員がこの給付金を受けることができなくなります。

添付書類：①賃金台帳、出勤簿（タイムカード）、労働者名簿、雇用契約書など

　　　　　②被保険者の年齢が確認できる書類の写し（例：運転免許証、住民票記載事項証明書、その他住民票記載事項証明書をもとに公的機関が発行した証明書で年齢を確認できる書類）

様式入手元：所轄公共職業安定所およびハローワークインターネットサービスWebサイト

　　　※雇用保険被保険者六十歳到達賃金証明書は所轄公共職業安定所で入手

【記入例　雇用保険被保険者六十歳到達時等賃金証明書】

〈賃金締切日が20日で月給部分と日給が両方あるパターン〉

様式第33号の4

雇用保険被保険者六十歳到達時等賃金証明書（安定所提出用）

①被保険者番号	4444-123456-7	③フリガナ	アズマ　ニシコ
②事業所番号	1300-777777-0	60歳に達した者の氏名	東　西子
④事業所 名称/所在地/電話番号	株式会社保毎サービス 東京都千代田区岩本町1-4-7 03-3865-9999	⑤60歳に達した者の住所又は居所 電話番号	〒112-0004 文京区後楽99-99 （03）1234-5678
⑥60歳に達した日等の年月日	平成28年3月31日	⑦60歳に達した者の生年月日	昭和31年4月1日

この証明書の記載は、事実に相違ないことを証明します。

事業主　住所　東京都千代田区岩本町1-4-7
　　　　氏名　株式会社保毎サービス　代表取締役　保毎太郎

（事業主印）　（東印）

60歳に達した日等以前の賃金支払状況等

⑧60歳に達した日等に離職したとみなした場合の被保険者期間算定対象期間	⑨⑧の期間における賃金支払基礎日数	⑩賃金支払対象期間	⑪⑩の基礎日数	⑫賃金額 A	B	計	⑬備考
60歳に達した日の翌日 4月1日～	60歳に達した日	3月21日～60歳に達した日	8日	未計算			
3月1日～	22日	3月21日～					
2月1日～2月29日	20日	2月21日～3月20日	20日	200,000	20,000	220,000	
1月1日～1月31日	18日	1月21日～2月20日	21日	200,000	22,000	222,000	
12月1日～12月31日	19日	12月21日～1月20日	15日	200,000	24,000	224,000	
11月1日～11月30日	20日	11月21日～12月20日	24日	200,000	22,000	222,000	
10月1日～10月31日	21日	10月21日～11月20日	23日	200,000	20,000	220,000	
9月1日～9月30日	19日	9月21日～10月20日	18日	200,000	20,000	220,000	
8月1日～8月31日	21日	月　日～月　日					
7月1日～7月31日	22日						
6月1日～6月30日	21日						
5月1日～5月31日	18日						
4月1日～4月30日	21日						

⑫賃金に関する特記事項

⑧⑨欄には賃金支払基礎日数が11日以上の月を12か月分記入します。
⑩⑪欄には、賃金支払基礎日数が11日以上の月を6か月分記入します。

※公共職業安定所記載欄

六十歳到達時等賃金証明書受理
平成　年　月　日
（受理番号　　　番）

（注）高年齢雇用継続給付金に係る手続きは電子申請による申請も可能です。その際、当該手続について、社会保険労務士が電子申請により当該申請書の提出に関する手続を事業主に代わって行う場合には、当該社会保険労務士が当該事業主の提出代行者であることを証明することができるものを当該申請書の提出と併せて送信することをもって、本証明書に係る当該事業主の電子署名に代えることができます。

社会保険労務士記載欄	作成年月日・提出代行者・事務代理者の表示	氏名	電話番号	※所長	次長	課長	係長	係

(45) 2012.10

左側注記：
- 達した日とは誕生日の前日です
- 捨印を押して下さい
- ⑧欄の期間の賃金支払の基礎となった日数を記載して下さい。日数の記載方法は、
  ・月給制の場合は暦日数
  ・日給月給制の場合は所定労働日数
  ・日給制または時給制の場合は実労働日数
  を記入します

右側注記：
- 賃金締切日の翌日から、賃金締切日まで記載して下さい。一番上の行には直近の賃金締切日を記載します。
- ❶最後の月の最終日が賃金締切日ではない
- ❷賃金支払基礎日数が11日以上の月が12か月以上ある
- ❶❷いずれも満たした時「未計算」と記入して下さい
- Ⓐ欄は月給制の場合に支給額を記載。
- Ⓑ欄には、日給、時間給、出来高制の場合に記載。
- ※月決めで定額の部分と日給がある場合は、ⒶⒷに区分して記載して下さい。
- ⑨欄と同様に⑩欄の期間の賃金支払基礎日数を記載して下さい。

離職証明書（128ページ以降）に準じて記入して下さい

【記入例　高年齢雇用継続給付受給資格確認票・(初回) 高年齢雇用継続給付支給申請書】

様式第33号の3（第101条の5、第101条の7関係）（第1面）

高年齢雇用継続給付受給資格確認票・(初回) 高年齢雇用継続給付支給申請書
（必ず第2面の注意書きをよく読んでから記入してください。）

帳票種別：13300
1. 個人番号：98769876XXXX
2. 被保険者番号：4444-123456-7
3. 資格取得年月日：3-600401（3 昭和　4 平成）
4. 事業所番号：1300-777777-0
5. 給付金の種類：1（1 基本給付金　2 再就職給付金）

＜賃金支払状況＞

6. 支給対象年月その1：4-2806
7. 6欄の支給対象年月に支払われた賃金額：200000
8. 賃金の減額のあった日数：0
9. みなし賃金額：

10. 支給対象年月その2：4-2807
11. 10欄の支給対象年月に支払われた賃金額：200000
12. 賃金の減額のあった日数：0
13. みなし賃金額：

14. 支給対象年月その3：4-
15. 14欄の支給対象年月に支払われた賃金額：
16. 賃金の減額のあった日数：
17. みなし賃金額：

※60歳到達時等賃金登録欄／公共職業安定所記載欄

18. 賃金月額（区分-日額又は総額）：
19. 登録区分：（1 日額　2 総額）
20. 基本手当の受給資格：
21. 定年等修正賃金登録年月日：4-

高年齢雇用継続給付受給資格確認票項目記載欄

22. 受給資格確認年月日：4-
23. 支給申請月：（1 奇数月　2 偶数月）
24. 次回（初回）支給申請年月日：4-
25. 支払区分：
26. 金融機関・店舗コード　口座番号：
27. 未支給区分：（空欄 未支給以外　1 未支給）

その他賃金に関する特記事項
28.	29.	30.

上記の記載事実に誤りのないことを証明します。
事業所名（所在地・電話番号）　株式会社保毎サービス　03-3865-9999
東京都千代田区岩本町1-4-7
平成28年　8月16日　事業主氏名　代表取締役 保毎太郎　㊞事業主

上記のとおり高年齢雇用継続給付の受給資格の確認を申請します。
雇用保険法施行規則第101条の5・第101条の7の規定により、上記のとおり高年齢雇用継続給付の支給を申請します。
平成28年　8月16日　飯田橋　公共職業安定所長　殿　申請者氏名　アズマニシコ　東西子　㊞東

払渡希望金融機関指定届

払渡希望金融機関	フリガナ	ポテトギンコウサラダ	金融機関コード	店舗コード	金融機関による確認印
	名称	ポテト銀行サラダ　本店／支店	888	666	㊞確認
	銀行等（ゆうちょ銀行以外）	口座番号　（普通）　87654321			
	ゆうちょ銀行	記号番号　（総合）　-			

◆ 金融機関へのお願い
雇用保険の失業等給付を受給者の金融機関口座へ迅速かつ正確に振り込むため、次のことについて御協力をお願いします。
1. 上記の記載事項のうち「申請者氏名」欄、「名称」欄及び「銀行等（ゆうちょ銀行以外）」の「口座番号」欄（「ゆうちょ銀行」の「記号番号」欄）を確認した上、「金融機関による確認印」欄に貴金融機関確認印を押印してください。
2. 金融機関コード及び店舗コードを記入してください（ゆうちょ銀行の場合を除く）。

備考	賃金締切日　末日　賃金支払日　当月・翌月　10日　賃金形態　月給・日給・時間給・　所定労働日数　6欄　20日　10欄　20日　14欄　日　通勤手当　有（毎月・3か月・6か月・　　）・無	※処理欄	資格確認の可否　可・否　年齢確認書類　住・免・（　）　資格確認年月日　平成　年　月　日　通知年月日　平成　年　月　日

社会保険労務士記載欄	作成年月日・提出代行者・事務代理者の表示	氏名　印	電話番号	※所長	次長	課長	係長	係	操作者

2016.1

6. 高齢者を雇用する場合

> **〈高年齢再就職給付金〉もう１つの高年齢雇用継続給付**
>
> 60歳以上65歳までの間に再就職をしても低賃金で働かざるを得ない場合があります。そこで高年齢者を援助するため、雇用保険の失業給付（基本手当）等を受給した人が再就職した後に一定の要件にあてはまれば、高年齢雇用継続基本給付金と同額の高年齢再就職給付金が支給されます。

6-2 【社会保険】年齢で社会保険の扱いが違います

（１）70歳以上の厚生年金保険

　　厚生年金保険の世界では、会社の役員やサラリーマンであっても、70歳以降は被保険者期間ではありません（このような人たちを「70歳以上被用者*」といいます）。よって、厚生年金保険料は徴収されず、年金額計算の基礎にもなりません。しかし、65歳以降の人たちと同様、一定の額以上の給料や報酬を会社からもらっている人は、老齢厚生年金が支給停止されます。この働いている人の老齢厚生年金が支給停止される仕組みを「在職老齢年金制度」といいます。

　　よって、厚生年金保険に加入している人が70歳になると、以下の手続きが必要です。

＊70歳以上被用者とは、70歳以上であって厚生年金保険の適用事業所に新たに使用される人、または被保険者が70歳到達後も継続して使用される場合で次の条件当てはまる人をいいます。

①被保険者が70歳以上被用者に該当したときまたは該当しなくなったときに会社が「厚生年金保険 70歳以上被用者 該当・不該当届」を提出します。

〈条件〉
　　　（ア）昭和12年４月２日以降に生まれた人
　　　（イ）過去に厚生年金保険の被保険者期間がある人
　　　（ウ）厚生年金保険適用事業所に使用される人（条件により被保険者とならない人を除きます）

※届出により、老齢厚生年金の全部または一部が支給停止となる場合があります。

②他の従業員同様、「厚生年金保険70歳以上被用者算定基礎・月額変更・賞与支払届」の提出が必要です。

提出書類　：厚生年金保険 70歳以上被用者 該当・不該当届
提出先　　：所轄年金事務所窓口または電子申請

提出期限　：事実発生から5日以内
添付書類　：不要
様式入手元：所轄年金事務所窓口または日本年金機構Webサイト

【記入例 厚生年金保険 70歳以上被用者 該当・不該当届】

厚生年金保険 70歳以上被用者 該当・不該当届

届書コード： 2 6 9

処理区分： 正

① 被用者の氏名
フリガナ： マツタケ ウメコ
（氏）松竹 （名）梅子

② 生年月日： 昭(5) 21 0324

① 被用者の住所
〒103-0027
フリガナ： トウキョウト チュウオウクニホンバシ1000
東京都 中央区日本橋1000

③ 事業所符号
④ 事業所整理記号： 千代田 ほ〜と
⑤ 事業所番号： 9999
⑥ 届書処理区分： ①該当 2.不該当

① 基礎年金番号： 1 2 1 2 3 4 3 4 3 4

⑦ 該当年月日： 平成 28 03 23

⑧ 標準報酬月額
　該当 送信
　不該当 送信

⑦ 不該当年月日（退職又は死亡の日）： 平成
⑨ 不該当原因： 4.その他 5.死亡
⑩ 作成原因

⑧ 報酬月額
　⑦ 通貨によるものの額： 150,000 円
　⑥ 現物によるものの額： 0 円
　⑨ 合計： 150,000 円

備考

事業所所在地： 〒101-0032 東京都千代田区岩本町1-4-7
事業所名称： 株式会社保奇サービス
事業主氏名： 代表取締役 保奇太郎 ㊞
電話番号： 03(3865)9999

平成 28年 3月 25日 提出

社会保険労務士の提出代行者印

【記入例　厚生年金保険　70歳以上被用者　算定基礎届】

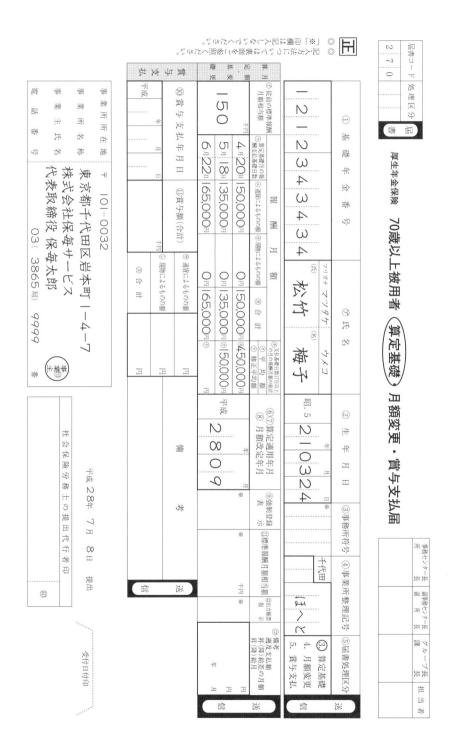

6．高齢者を雇用する場合

【記入例　厚生年金保険　70歳以上被用者　月額変更】

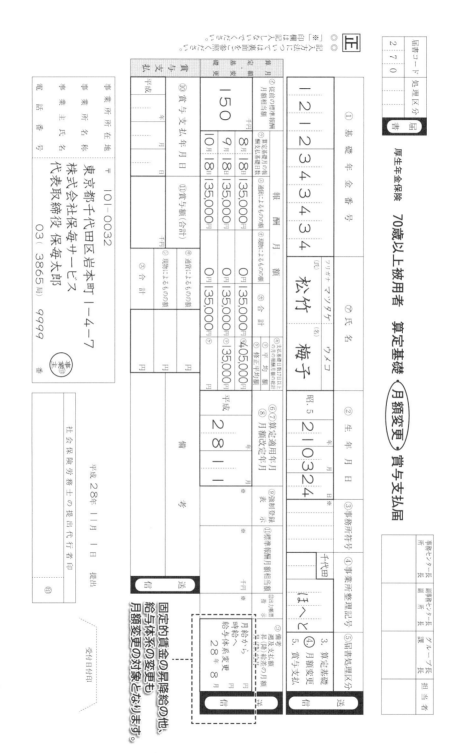

114　第3章　従業員編

【記入例　厚生年金保険　70歳以上被用者　賞与支払届】

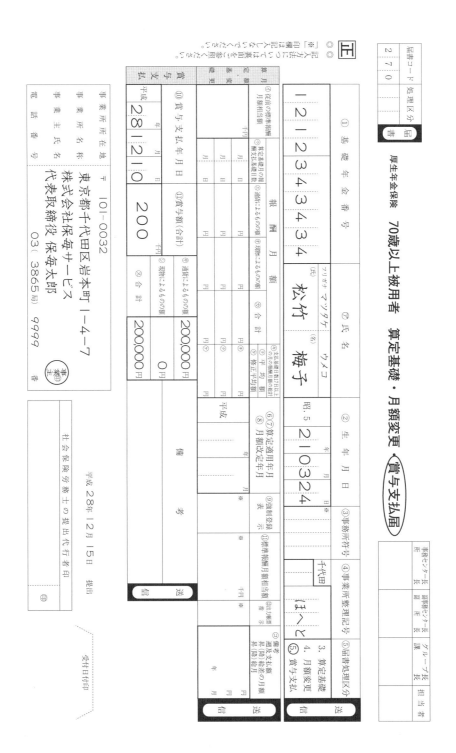

（2）70歳以上の健康保険

70歳になると75歳（長寿医療(後期高齢者医療)制度に移行する）までの間、「協会けんぽ」から「健康保険高齢受給者証」が交付されます。これは、病院窓口で自己負担割合を示す証明書で所得の状態などにより、1割から3割負担のいずれかが記載されています。そのため、70歳以上の被保険者および被扶養者は病院窓口に、「健康保険被保険者証」とあわせて「健康保険高齢受給者証」を提示します。

（3）75歳以上の健康保険

原則として、75歳※になると、後期高齢者医療制度に加入します。よって、それまで加入していた全国健康保険協会（「協会けんぽ」）や健康保険組合の被保険者でなくなります。被保険者が75歳未満であっても、その被扶養者が75歳になると被保険者同様後期高齢者医療制度に加入することになります。健康保険の被扶養者でなくなるときは、「健康保険被扶養者（異動）届」に健康保険被保険者証を添えて年金事務所に提出します。

また、被保険者が資格喪失に伴い75歳未満の被扶養者も全国健康保険協会管掌健康保険（もしくは健康保険組合）の被扶養者でなくなるため、新たに他の医療保険制度に加入する必要があります。他の医療保険制度の選択肢としては、

・国民健康保険に加入
・他の被用者保険の被保険者または扶養者となる

があります。

国民健康保険に加入する場合は、お住まいの市（区）町村で手続きをしてください。

※65歳から74歳で一定の障害の状態にあることについて「後期高齢者医療広域連合の認定を受けた人」）も含みます。この場合、障害認定の申請を撤回する旨を申し出ることによって後期高齢者医療制度に加入せず国民健康保険または被用者保険に加入することもできます。

届出書類	：健康保険厚生年金保険被保険者資格喪失届［様式番号なし］ （被扶養者が75歳以上になった場合） 健康保険被扶養者異動届［様式番号なし］
提出期限	：事実発生から5日以内
提出先	：所轄年金事務所窓口または電子申請
添付書類	：健康保険被保険者証
様式入手元	：所轄年金事務所窓口または日本年金機構Webサイト

【記入例　健康保険　厚生年金保険　被保険者資格喪失届】

健康保険 厚生年金保険 被保険者資格喪失届

届書コード 2010

① 事業所整理記号　千代田　ほへと

② 被保険者整理番号　30

③ 被保険者の氏名　長田 良子

生年月日　昭.5　41.60724

種別（性別）　2

年金手帳の基礎年金番号　1234343428　0724

④ 資格喪失年月日　平成 4. 7. 24

⑤ 資格喪失原因　(4) 退職等　

⑥ 標準報酬　健保 150 千円　厚年 150 千円

⑦ 被扶養者　無

⑧ 70歳以上被用者不該当　

備考

事業所所在地　〒101-0032　東京都千代田区岩本町1-4-7
事業所名称　株式会社保母サービス
事業主氏名　代表取締役　保母太郎 ㊞
電話　03（3865）9999

平成28年7月30日 提出

社会保険労務士の提出代行者印

6. 高齢者を雇用する場合　117

【記入例　健康保険被扶養者異動届】

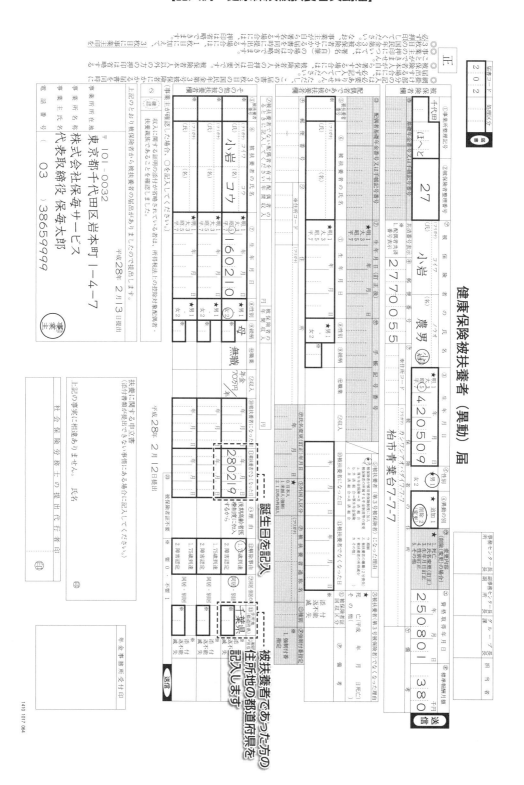

7. 従業員が退職したとき

従業員が退職した場合も社会保険・雇用保険でそれぞれ手続きが必要です。速やかに手続きしましょう。

手続きのポイント〈こんなところに注意！〉

◎健康保険被保険者証は、扶養家族の分も併せて回収してください
◎健康保険厚生年金保険喪失連絡票の発行もお忘れなく！
◎離職証明書は退職後に受け取る手当に必要な書類です。早めに手続きしましょう。

7-1 【社会保険】健康保険・厚生年金保険の手続き

（1）喪失手続き

　社会保険に加入している従業員が退職・死亡または雇用契約の変更等で社会保険の加入条件を満たされなくなった場合等は、健康保険・厚生年金保険の喪失手続きをしなければなりません。社会保険では資格喪失日は退職日の翌日になります。仮に3月31日付けで退職した場合、資格喪失日は4月1日となります。間違いやすいところですので、気を付けましょう。

届出書類　　：健康保険 厚生年金保険 被保険者資格喪失届［様式番号なし］
提出先　　　：所轄年金事務所窓口または電子申請
提出期限　　：事実発生の日から5日以内
添付書類　　：健康保険被保険者証
様式入手元　：所轄年金事務所窓口または日本年金機構Webサイト

【記入例　健康保険　厚生年金保険　被保険者資格喪失届】

（2）健康保険証が回収できないとき

　退職した従業員から健康保険被保険者証の回収ができないときは、「健康保険被保険者証回収不能・滅失届」を添付します。

※健康保険被保険者証回収不能・滅失届は退職時に健康保険被保険者証が回収できないときのほか、滅失や健康保険者証の記載内容に変更がある場合など、健康保険被保険者証の添付ができない場合に必要です。

届出書類　：健康保険被保険者証回収不能・滅失届［様式番号なし］
提出先　　：所轄年金事務所窓口または電子申請
提出期限　：速やかに
　　　　　　　　※退職時は健康保険・厚生年金保険被保険者資格喪失届と同時に行う
添付書類　：不要
様式入手元：所轄年金事務所または全国健康保険協会Webサイト

【記入例　健康保険被保険者証回収不能・滅失届】

健康保険被保険者証回収不能・滅失届

| 被保険者証の記号・番号 | 記号 | 12345678 | 番号 | 3 | 住所 | 港区赤坂 4-50-2202 |

| | 氏名 | 鈴木 ひろみ | 生年月日 | 明1 大3 昭5 平7　05年03月03日 | 性別 | 男1 ②女 | 続柄 | 本人 | 高齢受給者証交付返納 | 有・無 |

被保険者であった者の氏名・住所

	被保険者番号		氏名	鈴木　ひろみ	生年月日		性別		高齢受給者証交付返納
回収不能等の対象者	0 0	被保険者	(氏) 鈴木	(名) ひろみ	明1 大3 昭5 平7　05年03月03日		男1 ②女2	本人	有・無
		被扶養者	(氏)	(名)	明1 大3 昭5 平7　年月日		男1 女2		有・無
		被扶養者	(氏)	(名)	明1 大3 昭5 平7　年月日		男1 女2		有・無
		被扶養者	(氏)	(名)	明1 大3 昭5 平7　年月日		男1 女2		有・無
		被扶養者	(氏)	(名)	明1 大3 昭5 平7　年月日		男1 女2		有・無

被保険者証を返納できない理由

被保険者証を入れた財布をなくしてしまったから

← 具体的に記入します

上記の者について、被保険者証（高齢受給者証）が回収不能であるため届出します。なお、被保険者証を回収したときは、ただちに返納します。

平成 28 年 9 月 5 日

事業所所在地　東京都千代田区岩本町 1-4-7
事業所名称　株式会社保母サービス
事業主氏名　代表取締役　保母 太郎　㊞

※ この届は被保険者証（高齢受給者証）が回収不能である場合に提出します。
※ 事業主の押印については、署名（自署）の場合は省略できます。

受付印

（3）国民年金・国民健康保険に移行する場合

　退職後、国民年金・国民健康保険に移行する場合、退職者の住所がある市区町村役場で社会保険の手続きをすることになります。その時「会社を退職した証明書」の提出が求められることがあります。

　一般的には「離職票」や「退職証明書」を市町村役場に提出すれば、国民年金や、国民健康保険に加入することができます。しかし、市区町村によって独自のルールを持っていることもあり、被扶養者がいる場合には、年金事務所が交付する「健康保険・厚生年金保険 資格取得・資格喪失等確認通知書」の提示を求められる、あるいは、市区町村が独自に備えている「健康保険・厚生年金保険被保険者資格喪失連絡票」に事業主の証明を求められる場合もあります。

　従業員が退職し、市区町村の国民健康保険に加入する場合は、あらかじめどんな書類が必要か退職者の住所がある市区町村役場に確認しておくとよいでしょう。

　本書では、「健康保険 厚生年金保険 資格取得・資格喪失等確認通知書」を受け取る際の「健康保険 厚生年金保険 資格取得・資格喪失等確認請求書」の記入例を紹介します。

提出書類　：健康保険・厚生年金保険 資格取得・資格喪失等確認請求書［様式番号なし］
提出先　　：所轄年金事務所または電子申請
提出期限　：なし
添付書類　：不要
様式入手元：所轄年金事務所窓口または全国健康保険協会Webサイト

【記入例　健康保険　厚生年金保険　資格取得・資格喪失等請求書】

平成28年 8月 3日申請

健康保険 厚生年金保険 資格取得・資格喪失等確認請求書

1．申請者が記入する欄（必ず記入してください。）

フリガナ	スズキ　リョウタ	
氏　名	鈴木 良太	㊞(鈴)
現住所	〒330-9111　埼玉県さいたま市中央区新都心100	
続柄	本人	電話番号（090）9876-5432

2．確認書を必要とする理由の該当する□にレ印をしてください。

☑ 国民健康保険の加入（脱退）手続き　　□ その他（　　　　　　　）

3．被保険者（被保険者であった者）について記入する欄（必ず記入してください。）

フリガナ	スズキ　リョウタ	生年月日 明・㊛　1年 4月 20日
氏　名	鈴木 良太	
現住所	〒330-9111　埼玉県さいたま市中央区新都心100	
基礎年金番号（被保険者が申請する場合）	7654321098	
事業所名称	株式会社保毎サービス	
事業所所在地	千代田区岩本町1-4-7	
※保険者番号		※事業所記号・番号
※取得年月日（入社した日） 昭和 平成　年　月　日		※喪失年月日（退職日の翌日） 平成　年　月　日

4．被扶養者（被扶養者であった者）について記入する欄

氏　名	生年月日	続柄	※認定年月日	※解除年月日
鈴木 幸子	明・大・㊛ 61年 7月 28日	妻	昭・平　年　月　日	昭・平　年　月　日
鈴木 花	明・大・㊛ 28年 4月 30日	長女	昭・平　年　月　日	昭・平　年　月　日
	明・大・平　年　月　日		昭・平　年　月　日	昭・平　年　月　日
	明・大・平　年　月　日		昭・平　年　月　日	昭・平　年　月　日

○申請者が被保険者および被扶養者以外である場合に委任者が記入してください。

・この申請および受領を上記の申請者に委任します。　平成　年　月　日

委任者氏名：　　　　　　㊞　　委任者と申請者の関係：

現住所：

（記入上の注意）
①太枠の部分を記入してください。※印の部分の記入は不要です。
②押印については本人自筆の場合は不要です。
③申請者の氏名と現住所が被保険者と同一の場合は被保険者欄の氏名と現住所の記載は不要です。
（注）被扶養者が申請する場合、被扶養者本人に関する事項についてのみ証明が可能であるため、上記3の網掛け部分については、証明することができませんので、ご注意ください。

7-2 【雇用保険】雇用保険の手続き

（1）雇用保険被保険者資格喪失届

　従業員（被保険者）が離職、死亡等により被保険者の資格を喪失したときや、労働条件の変更等により被保険者資格の条件に当てはまらなくなったときは、雇用保険被保険者資格喪失届の手続きを行います。

届出書類　：雇用保険被保険者 資格喪失届［様式第4号］
提出先　　：所轄公共職業安定所窓口および電子申請
提出期限　：事実のあった日の翌日から起算して10日以内
添付書類　：離職証明書（本人が離職票不要の申し出をしている場合は不要）
様式入手元：所轄公共職業安定所およびハローワークインターネットサービスWebサイト

【記入例　雇用保険被保険者　資格喪失届】

（2）雇用保険被保険者離職証明書（離職票）

　退職した従業員が雇用保険の失業等給付（基本手当）をスムーズに受給できるように、雇用保険被保険者資格喪失届と一緒に離職証明書を作成します。離職証明書には退職者本人の記名押印または自署欄がありますので、在職中に退職者本人に説明し、記名押印または自署を済ませておくと良いです。万が一、離職後に離職証明書を作成することになり、本人の記名押印をもらうことができない場合は、「離職のため徴求できず」と記載して、事業主印で代用することもできます。すでに転職先が決まっているなどして、従業員が離職票の交付を希望しない場合は離職証明書を提出する必要はありません。ただし、59歳以上の従業員には必ず離職票の交付が必要です。

　離職証明書に記載された賃金額が退職者の失業等給付（基本手当）の受給額を決定しますので、賃金台帳をよく見て正確に記入しましょう。このとき、離職証明書に記載する賃金は「差引賃金（銀行振込金額）」ではありません。3カ月を超える期間ごとに支払われる賃金や臨時に支払われる賃金を除いた「総支給額」となりますので注意しましょう。

届出書類　：雇用保険被保険者離職証明書［様式番号なし］
提出先　　：所轄公共職業安定所窓口または電子申請
提出期限　：被保険者でなくなった事実のあった日の翌日から起算して10日以内
確認書類　：出勤簿（タイムカード）・賃金台帳
　　　　　　○有期契約者が期間満了で離職したとき…雇用契約書
　　　　　　○定年退職などで離職したとき……………定年に関する事項が規定されている就業規則または労使協定等
様式入手元：所轄公共職業安定所窓口

【記入例　雇用保険被保険者離職証明書（日給月給）】

様式第5号

雇用保険被保険者離職証明書（安定所提出用）

①被保険者番号	1234-567890-0	③フリガナ	オオサカ　ミナミ	④離職年月日	平成 28 10 31
②事業所番号	9999-000000-1		離職者氏名　大阪　南		

⑤事業所
名称：株式会社保毎サービス
所在地：東京都千代田区岩本町1-4-7
電話番号：03-3865-9999

⑥離職者の住所又は居所
〒112-0004
文京区後楽99-99
電話番号（03）1234-5678

この証明書の記載は、事実に相違ないことを証明します。
住所　東京都千代田区岩本町1-4-7
　　　株式会社保毎サービス
氏名　代表取締役　保毎太郎　（事業主印）

※離職票交付　平成　年　月　日
（交付番号　　　　　番）

捨印を押して下さい（事業主）

離職の日以前の賃金支払状況等

⑧被保険者期間算定対象期間		⑨⑧の期間における賃金支払基礎日数	⑩賃金支払対象期間	⑪基礎日数	⑫賃金額			備考
Ⓐ一般被保険者等 離職日の翌日 11月1日	Ⓑ短期雇用特例被保険者				Ⓐ	Ⓑ	計	
10月1日～離職日	離職月	22日	10月21日～離職日	8日	4,500	75,000	79,500	
9月1日～9月30日	月	18日	9月21日～10月20日	19日	10,000	180,000	190,000	
8月1日～8月31日	月	23日	8月21日～9月20日	19日	10,000	210,000	220,000	
7月1日～7月31日	月	20日	7月21日～8月20日	19日	10,000	200,000	210,000	
6月1日～6月30日	月	21日	6月21日～7月20日	19日	10,000	200,000	210,000	
5月1日～5月31日	月	21日	5月21日～6月20日	19日	10,000	220,000	230,000	
4月1日～4月30日	月	20日	4月21日～5月20日	19日	10,000	160,000	170,000	
3月1日～3月30日	月	21日	月　日～　月　日					
2月1日～2月29日	月	19日	月　日～　月　日					
1月1日～1月31日	月	19日	月　日～　月　日					
12月1日～12月31日	月	20日	月　日～　月　日					
11月1日～11月30日	月	20日	月　日～　月　日					
月　日～　月　日	月		月　日～　月　日					

1日から末日で記入。賃金支払基礎日数が11日以上の月を12か月記載。

賃金締切日の翌日を基点として記入。
（記載例は20日〆）
賃金支払基礎日数が11日以上の月を6か月記載

⑩欄の月の賃金を記入。Ⓐ欄には月決めで定額の部分を、Ⓑ欄には、時間給・出来高給の部分を記入して下さい

日給月給制の場合は、就業規則等に記載されている日数を基準に記入して下さい

⑭賃金に関する特記事項

⑮この証明書の記載内容（⑦欄を除く）は相違ないと認めます。
（記名押印又は自筆による署名）
（離職者氏名）　大阪　南　（大阪印）

※公共職業安定所記載欄
⑮欄の記載　有・無
⑯欄の記載　有・無
資・聴

本手続きは電子申請による申請も可能です。本手続きについて、電子申請により行う場合には、被保険者が離職証明書の内容について確認したことを証明することができるものを本離職証明書の提出と併せて送信することをもって、当該被保険者の電子署名に代えることができます。
また、本手続きについて、社会保険労務士が電子申請による本届書の提出に関する手続を事業主に代わって行う場合には、当該社会保険労務士が当該事業主の提出代行者であることを証明することができるものを本届書の提出と併せて送信することをもって、当該事業主の電子署名に代えることができます。

社会保険労務士記載欄	作成年月日・提出代行者・事務代理者の表示	氏　名	電話番号

※ | 所長 | 次長 | 課長 | 係長 | 係 |

【記入例　雇用保険被保険者離職証明書（月給者）】

様式第5号

雇用保険被保険者離職証明書（安定所提出用）

①被保険者番号	1234-567890-0	③フリガナ	オオサカ　ミナミ	④離職年月日	平成28　10　14
②事業所番号	9999-000000-1	離職者氏名	大阪　南		
⑤名称	株式会社保毎サービス	⑥離職者の住所又は居所	〒112-0004　文京区後楽99-99		
事業所所在地	東京都千代田区岩本町1-4-7				
電話番号	03-3865-9999		電話番号（03）1234-5678		

この証明書の記載は、事実に相違ないことを証明します。
住所　東京都千代田区岩本町1-4-7
事業主　株式会社保毎サービス
氏名　代表取締役　保毎太郎　㊞

※離職票交付　平成　年　月　日
（交付番号　　　番）

離受
職領
票印

離職の日以前の賃金支払状況等

月給制の場合は暦日数を記入して下さい

⑧被保険者期間算定対象期間		⑨⑧の期間における賃金支払基礎日数	⑩賃金支払対象期間	⑪⑩の基礎日数	⑫賃金額			⑬備考
A 一般被保険者等 離職日の翌日 10月5日	B 短期雇用特例被保険者				Ⓐ	Ⓑ	計	
9月15日~ 離職日	離職月	30日	9月21日~ 離職日	24日	未計算			❶最後の月の最終日が賃金締切日ではない ❷賃金支払基礎日数が11日以上の月が12か月以上ある ❶❷いずれも満たした時「未計算」と記入して下さい
8月15日~9月14日	月	31日	8月21日~9月20日	31日	250,000			
7月15日~8月14日	月	31日	7月21日~8月20日	31日	250,000			
6月15日~7月14日	月	30日	6月21日~7月20日	30日	250,000			
5月15日~6月14日	月	31日	5月21日~6月20日	31日	250,000			
4月15日~5月14日	月	30日	4月21日~5月20日	30日	250,000			
3月15日~4月14日	月	31日	3月21日~4月20日	31日	250,000			
2月15日~3月14日	月	29日	月　日~月　日					
1月15日~2月14日	月	31日	月　日~月　日					
12月15日~1月14日	月	31日	月　日~月　日					
11月15日~12月14日	月	30日	月　日~月　日					
10月15日~11月14日	月	31日	月　日~月　日					
月　日~月　日	月	日	月　日~月　日					

⑭賃金に関する特記事項

⑮この証明書の記載内容（⑦欄を除く）は相違ないと認めます。
（記名押印又は自筆による署名）
（離職者）氏名　大阪　南　㊞

※公共職業安定所記載欄
⑮欄の記載　有・無
⑯欄の記載　有・無
　資・聴

本手続きは電子申請による申請も可能です。本手続きについて、電子申請により行う場合には、被保険者が離職証明書の内容について確認したことを証明することができるものを本離職証明書の提出と併せて送信することをもって、当該被保険者の電子署名に代えることができます。
　また、本手続きについて、社会保険労務士が電子申請による本届書の提出に関する手続を事業主に代わって行う場合には、当該社会保険労務士が当該事業主の提出代行者であることを証明することができるものを本届書の提出と併せて送信することをもって、当該事業主の電子署名に代えることができます。

社会保険労務士記載欄	作成年月日・提出代行者・事務代理者の表示	氏　名	電話番号
		㊞	

※	所長	次長	課長	係長	係

【記入例　雇用保険被保険者離職証明書）（欠勤控除）】

雇用保険被保険者離職証明書（安定所提出用）

様式第5号

①被保険者番号	1234-567890-0	③フリガナ	オオサカ　ミナミ	④離職年月日	平成 28 10 31
②事業所番号	9999-000000-1	離職者氏名	大阪　南		

⑤事業所	名称	株式会社保毎サービス	⑥離職者の住所又は居所	〒112-0004 文京区後楽99-99
	所在地	東京都千代田区岩本町1-4-7		電話番号（03）1234-5678
	電話番号	03-3865-9999		

この証明書の記載は、事実に相違ないことを証明します。
事業主　住所　東京都千代田区岩本町1-4-7
　　　　　　株式会社保毎サービス
　　　　氏名　代表取締役　保毎太郎

※離職票交付　平成　年　月　日
（交付番号　　　番）

離職の日以前の賃金支払状況等

⑧被保険者期間算定対象期間		⑨⑧の期間における賃金支払基礎日数	⑩賃金支払対象期間	⑪⑩の基礎日数	⑫賃金額			⑬備考
Ⓐ一般被保険者等 離職日の翌日 11月1日	Ⓑ短期雇用特例被保険者				Ⓐ	Ⓑ	計	
10月 1日～ 離職 日		23日	10月 1日～ 離職 日	23日	200,000			
9月 1日～ 9月30日		19日	9月 1日～ 9月30日	19日	189,950			H28.9.10 欠勤
8月 1日～ 8月31日		23日	8月 1日～ 8月31日	23日	200,000			
7月 1日～ 7月31日		22日	7月 1日～ 7月31日	22日	200,000			
6月 1日～ 6月30日		21日	6月 1日～ 6月30日	21日	200,000			
5月 1日～ 5月31日		23日	5月 1日～ 5月31日	23日	200,000			
4月 1日～ 4月30日		20日	月 日～ 月 日					
3月 1日～ 3月31日		22日	月 日～ 月 日					
2月 1日～ 2月29日		20日	月 日～ 月 日					
1月 1日～ 1月31日		23日	月 日～ 月 日					
12月 1日～12月31日		21日	月 日～ 月 日					
11月 1日～11月30日		22日	月 日～ 月 日					
月 日～ 月 日			月 日～ 月 日					

> 日給月給制で欠勤控除がある場合は「備考」に欠勤の日を記入し、⑨⑪欄には「所定労働日数－欠勤日数」を記入します

⑭賃金に関する特記事項

⑮この証明書の記載内容（⑦欄を除く）は相違ないと認めます。
（記名押印又は自筆による署名）
（離職者）氏名　大阪　南　㊞

※公共職業安定所記載欄
⑮欄の記載　有・無
⑯欄の記載　有・無
資・聴

社会保険労務士記載欄　作成年月日・提出代行者・事務代理者の表示　氏　名　電話番号

※所長　次長　課長　係長　係

第4章
会社が毎年行う業務

> **手続きのポイント〈こんなことに注意！〉**
>
> ◎保険料率は毎年確認しましょう！
> ◎社会保険も労働保険も毎年「7月10日」が締切です！
> ◎年に3回支払われる一時金は「賞与」です！

1. 【社会保険】毎月の社会保険料を決定します！

健康保険・厚生年金は従業員（被保険者）の給料（報酬）によって、毎月の社会保険料が決まります。

【社会保険の報酬となるもの・ならないもの】

	金銭（通貨）で支給されるもの	現物で支給されるもの
報酬となるもの	基本給（月給・週給・日給など）、能率給、奨励給、役付手当、職階手当、特別勤務手当、勤務地手当、物価手当、日直手当、宿直手当、家族手当、扶養手当、休職手当、通勤手当、住宅手当、別居手当、早出残業手当、継続支給する見舞金、年4回以上の賞与など	通勤定期券、回数券、食事、食券、社宅、寮、被服（勤務服でないもの）、自社製品など
報酬とならないも	大入袋、見舞金、解雇予告手当、退職手当（前払退職金は報酬となります）、出張旅費、交際費、慶弔費、傷病手当金、労災保険の休業補償給付、年3回以下の賞与（標準賞与額の対象となります）など	制服、作業着（業務に要するもの）、見舞品、食事（本人の負担額が、厚生労働大臣が定める価額により算定した額の2／3以上の場合）など

給与（報酬）を等級ごとに区切ったものを「標準報酬月額」といいます。健康保険では1等級から50等級、厚生年金保険では1等級から30等級まであります。健康保険と厚生年金保険では、同じ等級でも標準報酬月額は違います。この標準報酬月額を使って、将来受け取る年金額を算出したり、健康保険の給付金（傷病手当金・出産手当金）を算出します。

標準報酬月額は毎月変動するものではありません。年に1度「健康保険 厚生年金保険被保険者報酬月額算定基礎届」を年金事務所に提出することにより従業員（被保険者）の標準報酬月額を決定します。ただし、「定時決定で算出した標準報酬月額」(133ページ参照)と「年間平均（保険者算定）で算出した標準報酬月額」(138ページ参照)の間に2等級以上の差が生じた場合は特別の取扱いをしますので注意が必要です。

1-1 毎年全員の標準報酬を決定します「定時決定」

　健康保険・厚生年金保険の被保険者の実際の給与（報酬）と「標準報酬月額」との間に大きな差が生じないように、毎年7月1日現在で使用している全ての被保険者に4月から6月に支払った給与（報酬）を、「算定基礎届」によって年金事務所に届出をします。この届出内容に基づき、毎年1回「標準報酬月額」を行政が決定します。これを「定時決定」といいます。

　「算定基礎届」により決定された標準報酬月額は、原則1年間（9月から翌年8月まで）の各月に適用され、納める保険料の計算や将来受け取る年金額等の計算の基礎となります。「算定基礎届」の提出の対象となるのは、7月1日現在の全ての被保険者です。ただし、以下の①～③のいずれかに該当する場合は「算定基礎届」の提出は不要です。

① 6月1日以降に入社し、被保険者となった従業員
② 6月30日以前に退職した従業員
③ 7月改定の月額変更（随時改定）に該当する従業員

　なお、算定基礎届を提出後に、8月改定および9月改定の月額変更に該当する場合は、月額変更が優先され、別途「健康保険厚生年金保険月額変更届」の提出が必要です。

届出書類 ：健康保険 厚生年金保険 被保険者報酬月額算定基礎届［様式番号なし］
　　　　　　健康保険 厚生年金保険 被保険者報酬月額算定基礎届総括表［様式番号なし］
　　　　　　健康保険 厚生年金保険 被保険者報酬月額算定基礎届附表［様式番号なし］
提出先 ：所轄年金事務所窓口および電子申請
提出期限 ：7月10日まで
添付書類 ：次の該当者がいる場合は、次の添付書類が必要です

70歳以上の被保険者	厚生年金保険70歳以上被用者　算定基礎・月額変更・賞与支払届「第3章6．6-2年齢で社会保険の扱いが違います」110ページを参考にしてください）
7月改定該当者	健康保険厚生年金被保険者報酬月額変更届（7月改定者）

様式入手元：所轄年金事務所窓口および全国健康保険協会Webサイト

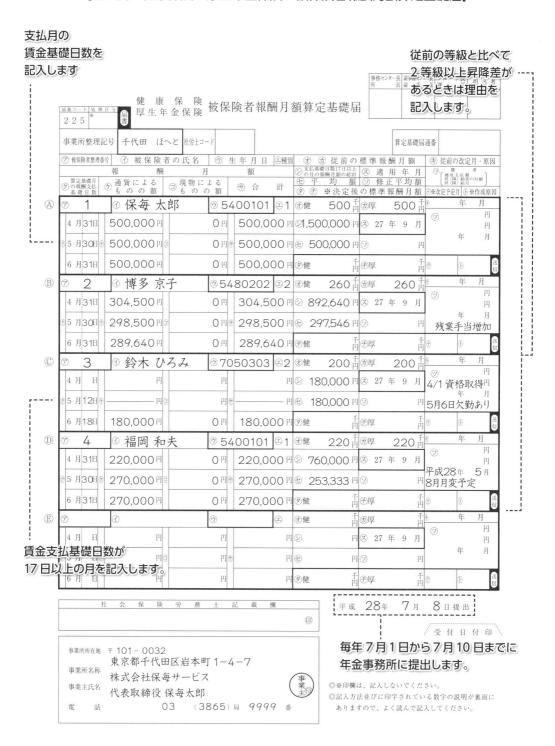

【記入例　健康保険　厚生年金保険　被保険者報酬月額算定基礎届総括表　表面】

健康保険　厚生年金保険　被保険者報酬月額算定基礎届　総括表

届書コード：229

記入上の注意
ア、※欄には記入しないでください。
イ、㋖欄には現在行っている事業について具体的に（機械器具製造業、卸売、小売など）記入してください。
ウ、㋔㋕㋗欄について、この用紙で不足するときは、適宜用紙を補って記入し、本紙に添付してください。

- ㋐事業所整理記号：千代田ほへと
- ㋑事業所番号：9999
- ㋒適用年度：年
- ㋓算定完了年月日：年　月　日
- 社労士コード：
- 通番：

- ㋔総合調査又は会計検査院検査年月日：年　月　日
- ㋕変更前の業態区分：
- 業態：
- ㋖事業の種類（変更の有無）：出版　有・(無)

5月19日現在の被保険者数
- ㋗男：4人
- ㋘女：5人
- ㋙計：9人

- ㋚本年6月1日から7月1日までに被保険者になった人：1人
- ㋛届書未記載の人で5月31日までに被保険者になった人：0人
- ㋜届書に記載されている人のうち6月30日までに退職した人：0人
- ㋝7月1日現在の被保険者総数（㋚+㋛+㋜-㋝）：10人
- ㋞差引届出者数：10人

- ㋟7月に月額変更する人：0人
- ㋠8月に月額変更する人：1人
- ㋡9月に月額変更する人：0人

報酬の支払状況欄

- ㋢給与の支払日：毎月15日締切　当月翌月25日支払　（支払日の変更の有無　有・(無)）
- ㋣昇給月（ベースアップを含む）：年1回　4月　月　月　月　（昇給月の変更の有無　有・(無)）

変更前の昇給月：

報酬の種類（現在支給している給与等を○で囲むか、記入してください。）

左の報酬を届に含めて　いる・いない

- ㋤固定的賃金：(基本給)　((月給)・(日給)・(時間給)など)、家族手当、住宅手当、役付手当、物価手当、通勤手当、その他（　　）　○
- ㋥非固定的賃金：(残業手当)　宿日直手当、(皆勤手当)　生産手当、その他（　　）　○

現物給与
- ㋦通勤定期券乗車券など：6ヶ月、3ヶ月、1ヶ月などの定期券、通勤回数乗車券
- ㋧食事,住宅,その他：食事（朝、昼、夜）、住宅、被服、その他（　　）

- ㋨賞与など：賞与、期末手当、決算手当などの支給月　年2回（7月・12月　月　月）
  - 賞与などの支払月の変更の有無　有・(無)
- 送信
- 変更前の賞与支払予定月：
- 直近の賞与支払月：
- 備考：

- ㋩7月1日現在、賃金・報酬を支払っている人のうち被保険者となっていない人
  - 60歳未満の人：2人
  - 60歳以上の人：0人
  - 合計人数：2人

※下記の①から④に印字されている区分・会社法人等番号を確認の上、訂正の必要がある場合や印字されていない場合は、「▽訂正後」の⑤から⑧の各欄について、該当する事項を○で囲むまたは会社法人等番号を記入してください。個人事業所及び国・地方公共団体の場合は、①欄のみ確認してください。なお、⑥欄へ会社法人等番号を記入した場合は、法人（商業）登記簿謄本等のコピーを添付してください。

- ㋬個人・法人等区分　①：1　※1.法人、2.個人、3.国・地方公共団体、4.私学共済
- ㋭会社法人等番号　②：1234888899999
- ㋮本・支店区分　③：1　※1.本店、2.支店
- ㋯内・外国区分　④：1　※1.内国法人、2.外国法人

▽訂正後
- ⑤：1.法人　2.個人　3.国・地方公共団体　4.私学共済
- ⑥：
- ⑦：1.本店　2.支店
- ⑧：1.内国法人　2.外国法人

平成28年7月8日提出
受付日付印

社会保険労務士の提出代行者印
名称：
所在地：
㊞

- 事業所所在地：東京都千代田区岩本町1-4-7
- 事業所名称：株式会社保毎サービス
- 事業主氏名：代表取締役　保毎太郎
- 電話番号：03-3865-9999

1.【社会保険】毎月の社会保険料を決定します！

【記入例　健康保険　厚生年金保険　被保険者報酬月額算定基礎届総括表　裏面】

③　8月に月額変更する予定者氏名		④　9月に月額変更する予定者氏名	
被保険者整理番号	氏　　　名	被保険者整理番号	氏　　　名
4	福岡和夫		

【記入例　健康保険　厚生年金保険　被保険者報酬月額算定基礎届附表】

健康保険
厚生年金保険　被保険者報酬月額算定基礎届　総括表附表（雇用に関する調査票）

事業所整理記号	事業所番号
千代田　ほへと	9 9 9 9

項番	業態分類
1 6	情報通信業

※「事業所業態分類票」を参照して、項番及び業態分類を記入してください。（項番については、法人の場合は01～42、個人事業所の場合は51～91の数字から選択してください。）

1. 7月1日現在、賃金・報酬を支払っている人の人数を記入してください。　　9 人

2. 就業規則等で定めている一般従業員の勤務状況を記入してください。

1か月の勤務日数	1日の勤務時間
21 日	8 時間

3. 7月1日現在、賃金・報酬を支払っている人のうち被保険者となっていない人の内訳を記入してください。
（協会管掌健康保険又は厚生年金保険のいずれにも加入していない人の人数を記入してください。）

雇用形態	人数				平均的な勤務状況		
	59歳以下	60～69歳	70歳以上	合計	1か月の勤務日数	1日の勤務時間	勤務（契約）期間
パートタイマー	1人	0人	0人	1人	15 日	5.5 時間	か月・(定めなし)
アルバイト	1人	0人	0人	1人	8 日	8 時間	(3)か月・定めなし
外国人労働者	0人	0人	0人	0人	日	時間	か月・定めなし
その他（役員・嘱託等）	0人	0人	0人	0人	日	時間	か月・定めなし
後期高齢者医療制度に加入している人				0人			

注1：該当者がいない場合は、合計欄に0人と記入してください。
注2：「パートタイマー」、「アルバイト」欄については、「外国人労働者」を除いた人数を記入してください。

4. 請負契約をしている人、派遣労働者、被保険者のうち海外で勤務している人について記入してください。

請負契約をしていて、自社の施設等を利用し業務を行わせている人がいる。	(いない)・いる（　　人）
派遣業者から派遣されている労働者がいる。	(いない)・いる（　　人）
海外（子会社等）で勤務している人がいる。	(いない)・いる（　　人）

5. 7月1日現在の事業所の適用形態について記入してください。

① 支社(店)、工場、出張所など複数の事業所を有している。（貴事業所が支社等の場合は、「いいえ」に○を付けてください。）	(はい)・いいえ
② 上記①で「はい」と回答された場合に記入してください。	
支社(店)、工場、出張所などの総数。	1 か所
複数の事業所は、それぞれ事業所単位で適用されている。	はい・(いいえ)

事業所所在地	東京都千代田区岩本町1-4-7
事業所名称	株式会社保毎サービス
事業主氏名	代表取締役 保毎太郎

平成 28年 7月 8日提出

受付日付印

提出上の注意
・算定基礎届を提出する際に、総括表と同時に提出してください。
・該当者がいない場合でも提出してください。

記入方法は裏面を参照してください

1401 1017 055

1.【社会保険】毎月の社会保険料を決定します！

1-2 時季によって給料が大きく変動しますが、4月から6月の給料で保険料が決まるのですか？「保険者算定」

　仕事の内容（職種）によって、毎年4月から6月は残業時間が多くなり、残業代が増えることがあります。それと比較して他の月は残業時間が少ない場合は、支給される給与（報酬）も少なくなります。「4月から6月の給与の平均額から算出した標準報酬月額」と「前年の7月から当年の6月までの給料の平均額から算出した標準報酬月額」に2等級以上の差が生じた場合は、「前年の7月から当年の6月までの給与の平均額から算出した標準報酬月額」で決定することができます。この場合、将来受け取る年金額や健康保険の給付金（出産手当金・傷病手当金）の受給金額に影響が出るため、従業員（被保険者）の同意が必要です。

　これを「保険者算定」といいます。本来保険者算定とは、標準報酬月額を4月から6月の給与（報酬）の平均で算出することが「著しく不当であると認める」場合に、保険者である日本年金機構（年金事務所）が報酬を決定するという意味です。

　保険者算定には、上記のパターン以外に、次の4つの場合があります。

① 4月～6月の3カ月間において、3月分以前の給料の遅配を受け、またはさかのぼった昇給によって数カ月分の差額を一括して受けるなど、通常、受けるべき報酬以外の報酬をこの期間において受けた場合
② 4月～6月のいずれかの月において低額の休職給を受けた場合
③ 4月～6月のいずれかの月においてストライキによる賃金カットがあった場合
④ 給与計算期間の途中（途中入社月）で資格取得したことにより、4月～6月のいずれかに1カ月分の報酬が受けられなくなった月がある場合

届出書類　：・健康保険 厚生年金保険 被保険者報酬月額算定基礎届［様式番号なし］
　　　　　　・健康保険 厚生年金保険 被保険者報酬月額算定基礎届総括表［様式番号なし］
　　　　　　・健康保険 厚生年金保険 被保険者報酬月額算定基礎届附表［様式番号なし］
　　　　　　・年間報酬の平均で算定することの申立書［様式1］
　　　　　　・健康保険 厚生年金保険 被保険者報酬月額算定基礎届・保険者算定申立に係る例年の状況、標準報酬月額の比較及び被保険者の同意等［様式2］
提出先　　：所轄年金事務所窓口または電子申請
提出期限　：7月10日
様式入手元：所轄年金事務所窓口および全国健康保険協会Webサイト

【記入例　年間報酬の平均で算定することの申立書】

(様式１)

中央年金事務所長　　様

年間報酬の平均で算定することの申立書

　当事業所は「出版業」を行っており、(当事業所内の「編集部門」では、)毎年、４月から６月までの間は、「学校法人向けの新年度用の参考書の改訂、校正等」の理由により繁忙期となることから、健康保険及び厚生年金保険被保険者の報酬月額算定基礎届を提出するにあたり、健康保険法第４１条及び厚生年金保険法第２１条の規定による定時決定の算定方法によると、年間報酬の平均により算出する方法より、標準報酬月額等級について２等級以上の差が生じ、著しく不当であると思料されますので、健康保険法第４４条第１項及び厚生年金保険法第２４条第１項における「報酬月額の算定の特例」(年間)にて決定していただくよう申立てします。

　なお、当事業所における例年の状況、標準報酬月額の比較及び被保険者の同意等の資料を添付します。

　　平成28年　7月　8日

　　　　事業所所在地　東京都千代田区岩本町１－４－７

　　　　事業所名称　　株式会社保毎サービス

　　　　事業主氏名　　代表取締役　保毎太郎　　㊞（事業主印）

　　　　連　絡　先　　03-3865-9999

※　業種等は正確に記入いただき、理由は具体的に記載をお願いします。

「　　」内には事業所の「業種」「部門」「理由」を記入する

【記入例　保険者算定申立に係る例年の状況、標準報酬月額の比較及び被保険者の同意等】

(様式2)

保険者算定申立に係る例年の状況、標準報酬月額の比較及び被保険者の同意等

【申請にあたっての注意事項】
- この用紙は、算定基礎届をお届けいただくにあたって、年間報酬の平均で決定することを申し立てる場合に必ず提出してください。
- この用紙は、定時決定にあたり、4、5、6月の報酬の月平均と年間報酬の月平均に2等級以上差があり、年間報酬の平均で決定することに同意する方のみ記入してください。
- また、被保険者の同意を得ている必要がありますので、同意欄に被保険者の自署にて氏名を記入いただくか記名のうえ押印してください。
- なお、標準報酬月額は、年金や傷病手当金など、被保険者が受ける保険給付の額にも影響を及ぼすことにご留意下さい。

事業所整理記号	千代田ほへと	事業所名称	株式会社保毎サービス
被保険者整理番号	被保険者の氏名	生年月日	種別
27	小岩農男	S42.5.9	1

【前年7月～当年6月の報酬額等の欄】

算定基礎月の報酬支払基礎日数		通貨によるものの額	現物によるものの額	合計
平成27年 7月	30 日	487,560 円	0 円	487,560 円
平成27年 8月	31 日	326,000 円	0 円	326,000 円
平成27年 9月	31 日	328,500 円	0 円	328,500 円
平成27年 10月	30 日	319,000 円	0 円	319,000 円
平成27年 11月	31 日	320,000 円	0 円	320,000 円
平成27年 12月	30 日	335,000 円	0 円	335,000 円
平成28年 1月	31 日	310,000 円	0 円	310,000 円
平成28年 2月	31 日	324,000 円	0 円	324,000 円
平成28年 3月	29 日	396,000 円	0 円	396,000 円
平成28年 4月	31 日	454,000 円	0 円	454,000 円
平成28年 5月	30 日	447,500 円	0 円	447,500 円
平成28年 6月	31 日	478,200 円	0 円	478,200 円

【標準報酬月額の比較欄】※全て事業主が記載してください。

従前の標準報酬月額	健康保険	厚生年金保険
	360 千円	360 千円

前年7月～本年6月の合計額(※)	前年7月～本年6月の平均額(※)	健康保険		厚生年金保険	
		等級	標準報酬月額	等級	標準報酬月額
4,525,760 円	377,146 円	26	380 千円	22	380 千円

本年4月～6月の合計額(※)	本年4月～6月の平均額(※)	健康保険		厚生年金保険	
		等級	標準報酬月額	等級	標準報酬月額
1,379,700 円	459,900 円	29	470 千円	25	470 千円

2等級以上(○又は×)	修正平均額(※)	健康保険		厚生年金保険	
		等級	標準報酬月額	等級	標準報酬月額
○	377,146 円	26	380 千円	22	380 千円

【標準報酬月額の比較欄】の(※)部分を算出する場合は、以下にご注意ください。

① 支払基礎日数17日未満の月の報酬額は除く。
② 短時間就労者の場合は、「通常の方法で算出した標準報酬月額」(当年4月～6月)の支払基礎日数を17日以上の月の報酬の平均とした場合には、「年間平均で算出した標準報酬月額」(前年7月～当年6月)も17日以上の月の報酬の平均額。
　「通常の方法で算出した標準報酬月額」の支払基礎日数が17日以上ないので、15日以上17日未満の月の報酬の平均額とした場合には、「年間平均で算出した標準報酬月額」は、支払基礎日数が15日以上の月の報酬の平均額。
③ 低額の休職給を受けた月、ストライキによる賃金カットを受けた月及び一時帰休に伴う休業手当等を受けた月を除く。
④ 給与の支払いに遅配がある場合は
　ア 前年6月分以前に支払うべきであった給与の遅配分を前年7月～当年6月に受けた場合は、その遅配分に当たる報酬の額を除く。
　イ 前年7月～当年6月までの間に本来支払うはずの報酬の一部が、当年7月以降に支払われることになった場合は、その支払うはずだった月を除く。
⑤ この保険者算定の要件に該当する場合は、「修正平均額」には、「前年7月～本年6月の平均額」を記入。
⑥ 上記①～④に該当した場合は、その旨を【備考欄】に記入。

【被保険者の同意欄】

私は本年の定時決定にあたり、年間報酬額の平均で決定することを希望しますので、当事業所が申立てすることに同意します。

被保険者氏名　小岩農男　

【備考欄】

1-3 標準報酬月額は1年間変わりませんか?「随時改定」

　毎年9月に定時決定した標準報酬月額ですが、給料(報酬)が（1）ような変動をした場合は、見直します。

（1）被保険者の報酬が、昇（降）給等の固定的賃金の変動に伴って大幅に変わったときは、毎年1回行う定時決定を待たずに標準報酬月額を見直します。この見直しによる決定を「随時改定」といい、次の3つの条件を全て満たす場合に行います。

　　①昇給または降給等により固定的賃金に変動があった。
　　②変動月からの3カ月間に支給された報酬（残業手当等の非固定的賃金を含む）の平均月額に該当する標準報酬月額とこれまでの標準報酬月額との間に2等級以上の差が生じた。
　　③3カ月とも支払基礎日数が17日以上である。

【随時改定が必要なもの】

固定的賃金の変動例
昇給(ベースアップ)、降給(ベースダウン)
給与体系の変更(時間給から月給、日給から月給など)
日給や時間給への基礎単価(日当、単価)の変更
請負給、歩合給等の単価、歩合率の変更
住宅手当、役付き手当等の固定的な手当の追加や削減、支給額の変更

標準報酬月額の見直し(随時改定)

【随時改定（月額変更）の対象とならない場合】

固定的賃金	非固定的賃金(残業手当など)	「従前の標準報酬月額」と比べて「3カ月分の報酬の平均額」は	随時改定
↑ 上がった	↓ 下がった	↓ 下がった	✕
↓ 下がった	↑ 上がった	↑ 上がった	✕

(2)随時改定（月額変更）にあてはまる被保険者がいる場合、事業主は「被保険者報酬月額変更届」を速やかに年金事務所に提出します。

(3)改定された標準報酬月額は、6月以前に改定された場合、再び随時改定（月額変更）等がない限り、当年の8月までの各月に適用されます。また、7月以降に改定された場合は、翌年の8月までの各月に適用されます。

届出書類　：健康保険　厚生年金保険　被保険者報酬月額変更届［様式番号なし］
提出先　　：所轄年金事務所窓口または電子申請
提出期限　：速やかに
添付書類　：不要。ただし、改定月の初日から起算して60日経過した後に届け出する場合、または標準報酬月額が5等級以上改定する場合は、以下のとおり添付書類が必要になります。

被保険者が法人の役員以外の場合	被保険者が株式会社（特例有限会社を含む）の役員の場合
●賃金台帳の写し（固定的賃金の変動があった月の前月から改定月の前月分まで） ●出勤簿の写し（固定的賃金の変動があった月から改定月の前月分まで）	① 株主総会または取締役会の議事録 ② 代表取締役等による報酬決定通知書 ③ 役員間の報酬協議書 ④ 債権放棄を証する書類 ①〜④のいずれか1つ、および所得税源泉徴収簿または賃金台帳の写し（固定的賃金の変動があった月の前月から改定月の前月分まで） ※その他の法人の役員の場合は、これらに相当する書類

様式入手元：所轄年金事務所窓口および全国健康保険協会Webサイト

【記入例　健康保険　厚生年金保険　被保険者報酬月額変更届】

健康保険 厚生年金保険 被保険者報酬月額変更届

届書コード：221
事業所整理記号：千代田 ほへと

A

項目	内容
⑦被保険者整理番号	4
⑦被保険者氏名	福岡和夫
⑦生年月日	5-58.08.08
⑦種別	1
⑦従前の標準報酬月額	健保 220千円 / 厚年 220千円

支払基礎日数	通貨によるものの額	現物によるものの額	合計
前3月 5月 30日	270,000円	0円	270,000円
前2月 6月 31日	270,000円	0円	270,000円
前1月 7月 30日	270,000円	0円	270,000円

- ③3ヶ月の総計：810,000円
- 平均額：270,000円
- ⑦改定年月：28年 8月
- 備考：
  - 遡及支払額：円
  - 昇(降)給差：50,000円
  - 昇(降)給月：28年 5月

平成28年 8月 5日 提出

〒101-0032
事業所所在地：東京都千代田区岩本町1-4-7
事業所名称：株式会社保毎サービス
事業主氏名：代表取締役 保毎太郎
電話：03(3865)局 9999番

◎※印欄は、記入しないでください。
◎記入方法が裏面に書いてありますので、よく読んで記入してください。

2. 【労働保険（労災保険・雇用保険）】毎年労働保険料を精算します

　労働保険の保険料は、年度当初に概算で申告・納付し翌年度に労働保険料を確定させ、精算することになっており、前年度の確定保険料と当年度の概算保険料を併せて申告・納付します。これを、「年度更新」といい、原則として毎年6月1日から7月10日までの間にこの手続を行います。

　常用労働者と臨時労働者に分けて前年度の賃金を集計し、「労働保険賃金等報告」に記入します。常用労働者は雇用保険に加入していることが多く、臨時労働者は労災保険のみ加入していることが多いので、賃金集計結果を「労働保険賃金等報告」に記入する際は注意が必要です。確定保険の算定年度の4月1日に64歳以上になっている雇用保険の被保険者は、雇用保険料が免除（高年齢者保険料免除）となりますので、賃金を集計する際は区別しておきましょう。出向労働者がいる場合は、原則として出向先の事業所が労災保険料を負担します。また、複数の事業所で働く雇用保険は労働時間ではなく、雇用契約を締結している出向元が負担します）。賃金は残業手当・通勤手当、賞与など「労働の対価」として支払うものすべてが対象となります。

　雇用保険料率と労災保険率は事業（業種）によって異なります。都道府県労働局から会社に届く労働保険料概算・確定申告書に労災保険率が印字してありますので、確認しましょう。雇用保険料率は年度末までには、来年度の保険料率が確定しますので、厚生労働省のホームページなどで確認しましょう。また、厚生労働省のホームページに「年度更新申告書計算支援ツール（継続事業用）が公開されていますので、労働保険料の計算に自信のないときに検算用として利用すると便利です。

届出書類　：労働保険 概算・増加概算・確定保険料申告書［様式6号（第24条、第25条、第33条関係（甲）］
提出先　　：所轄都道府県労働局窓口または、（納付書を切り離さなければ金融機関に提出することもできますが、納付する保険料がない場合は金融機関に提出することはできません）。電子申請も可
提出期限　：6月1日から7月10日まで
添付書類　：不要
様式入手元：労働保険番号を持っている事業所には都道府県労働局から郵送されます。新しい様式を入手する場合は所轄労働基準監督署窓口で入手できます。

【記入例 労働保険 概算・増加概算・確定保険料申告書】

2.【労働保険（労災保険・雇用保険）】毎年労働保険料を精算します

3. 賞与を支払ったら？

3-1 【社会保険】社会保険での取扱い

　賃金、給料、俸給、手当、賞与その他いかなる名称であるかを問わず、従業員が労働の対価として支払われるもののうち、年3回以下の支給のものを「賞与」といいます。なお、年4回以上支給されるものは社会保険では賞与とはいわず、標準報酬月額の対象となります。また、労働の対償とみなされない結婚祝金などの慶弔金や、永年勤続表彰金などは、対象外です。

　賞与についても社会保険料を納付することになっています。賞与にかかる保険料は、賞与支給額から千円未満を切り捨てた金額に社会保険料率を乗じて算出します。賞与の支給日を起算日に5日以内に「健康保険　厚生年金保険　被保険者賞与支払届」を年金事務所に提出します。あらかじめ年金事務所に届け出ている賞与支払予定月を過ぎても「健康保険　厚生年金保険　被保険者賞与支払届（総括表）」の届出がされないと、年金事務所から督促を受けます。賞与の支給がなくても、「賞与の支給なし」という届出が必要ですので気をつけましょう。

　賞与分の社会保険料は、毎月の社会保険料と同様に事業主と被保険者が折半で負担します。標準賞与額の上限は、健康保険では年度の累計額540万円（年度は毎年4月1日から翌年3月31日まで）、厚生年金保険は1カ月あたり150万円とされていますが、同月内に2回以上支給されるときは合算した額で上限額が適用されます。
また、従業員が退職してから賞与が支払われることがありますが、退職後は被保険者ではないので、社会保険料はかかりません。

届出書類　：健康保険 厚生年金保険 被保険者賞与支払届［様式番号なし］
　　　　　　健康保険 厚生年金保険 被保険者賞与支払届総括表［様式番号なし］
提出先　　：所轄年金事務所窓口または電子申請
提出期限　：支払日から5日以内
様式入手元：所轄年金事務所窓口または日本年金機構Webサイト

【記入例　健康保険　厚生年金保険　被保険者賞与支払届】

個別に賞与を支払った場合に記入します。

	②被保険者整理番号	③生年月日	④賞与支払年月日	⑤賞与額(合計)	被保険者の氏名 / ⑥通貨によるものの額 / ⑦現物によるものの額	種別
Ⓐ	2	5480202	7280831	300	博多京子 / 300,000円 / 0円	2
Ⓑ	3	7050303		300	鈴木ひろみ / 300,000円 / 0円	2
Ⓒ	4	5491014		300	金 毎美 / 300,000円 / 0円	2
Ⓓ	15	5601010		300	山田毎子 / 300,000円 / 0円	2
Ⓔ	20	7010420		300	鈴木良太 / 300,000円 / 0円	1
Ⓕ	24	5480205		300	高田大地 / 300,000円 / 0円	1
Ⓖ	27	5420509		300	小岩農男 / 300,000円 / 0円	1
Ⓗ	28	5010309		300	秋田雪子 / 300,000円 / 0円	2
Ⓘ						
Ⓙ						

届書コード: 265
届書コード: 2265　事業所整理記号: 千代田　ほへと
賞与支払年月日: 7280822
事業所整理記号: 9999

標準字体: 0123456789　平成28年9月1日提出

事業所所在地　〒101-0032
千代田区岩本町1-4-7
事業所名称　株式会社保毎サービス
事業主氏名　代表取締役　保毎太郎
電話　03(3865)局9999番

○※印欄は、記入しないでください。
○OCR枠への記入は、上記標準字体でお願いします。
○この書面は、機械処理されますので、汚したり折り曲げたりしないよう取り扱いに注意し、油性の黒字ボールペンを使用して丁寧に記入してください。
○記入方法並びに印字されている数字の説明が裏面にありますので、よく読んで記入してください。

3．賞与を支払ったら？

【記入例　健康保険　厚生年金保険　被保険者賞与支払届総括表】

届書コード	処理区分	
2 6 6	※	届書

健康保険
厚生年金保険

被保険者賞与支払届
総括表

事務センター長 所　　長	副事務センター長 副所長	グループ長 課　長	担当者

社労士コード	賞与支払届通番

①事業所整理記号	②事業所番号
千代田ほへと	9999

⑦賞与支払予定年月	③賞与支払年月	④支給・不支給
平成 28年 8月	平成 28年 08月	支給　⓪ 不支給　1

ⓒ賞与を支給した被保険者数	⑦賞与支給総額（千円単位）
8 人	2400000 円

㊁被保険者人数
10 人

ⓔ賞与の名称	㊆変更前の賞与支払予定月	⑤変更後の賞与支払予定月
夏季賞与		

送信

平成 28 年 8 月 24 日提出

受付日付印

社会保険労務士記載欄
㊞

事業所所在地	〒 101-0032 千代田区岩本町1-4-7
事業所名称	株式会社保毎サービス
事業主氏名	代表取締役保毎太郎　　㊞事業主
電話番号	03 - 3865 - 9999

【記入上の注意】
1. ※印欄は、記入しないでください。
2. ④は、賞与の支給があったとき、支給「0」に○印を付けてください。
　　また、支給がなかったとき、不支給「1」に○印を付けてください。
3. ⑦は、全被保険者の賞与支払届⑤欄「賞与額（合計）」を総計した額を記入してください。
4. ㊁は、賞与を支給した日現在の被保険者数を記入してください。
5. ⓔは、賞与、決算手当、期末手当のように支給した賞与の種類別にその名称を記入してください。
6. ⑤は、現在の賞与支払予定月が⑦賞与支払予定月と異なるとき記入してください。
7. 賞与の支給がない場合、㊆、⑦に記入しないでください。
8. 事業主の押印については、署名（自筆）の場合は省略できます。
9. 本手続は電子申請による届出も可能です。なお、全国健康保険協会が管掌する健康保険および厚生年金保険においては、本手続について、社会保険労務士が電子申請により本届書の提出に関する手続を事業主に代わって行う場合には、当該社会保険労務士が当該事業主の提出代行者であることを証明することができるものを本届書の提出と併せて送信することをもって、当該事業主の電子署名に代えることができます。（当該届書は、賞与支払届の添付書類として送信してください。）

3-2 【労働保険】労働保険での取扱い

　3-1でも説明したとおり、「賞与」と呼ばれなくとも、従業員に年3回以下で支払われる一時金は「賞与」と見なされ、労働保険の算定対象となります。ただし、従業員が退職した際、会社が作成する離職証明書の賃金欄には賞与は記載されません。給与とあわせて賞与を支払っていた場合は、賞与に相当する金額を除いて記載してください。

4. 届出した内容に誤りがありました

　うっかりミスや確認誤り、勘違い……などで届出書類に誤りを発見！届出内容によっては、確認書類を添付しなければならないものもありますので、注意しましょう。

> **手続きのポイント〈こんなことに注意！〉**
> ◎社会保険は「アカクロ訂正」と覚えるべし！
> ◎労働保険の訂正線は「タテ訂正」と覚えるべし！
> ◎定められた「訂正届」をチェックしましょう。

4-1 【社会保険】訂正届は原則ありません

　社会保険に加入するときに提出する届出書類や、標準報酬月額を決定／改定する届出書類に間違えた内容を記入していたことが発覚した場合、従業員の社会保険料や将来の年金額に影響がありますので、速やかに訂正しましょう。

　訂正方法は、誤って提出した書類とおなじフォーマットの書類を使います。例えば「健康保険 厚生年金保険 被保険者資格取得届」の届出内容に誤りがあった場合、「健康保険 厚生年金保険 被保険者資格『訂正』届」とします。誤った箇所が目立つように、正しい文字を「赤」、最初に届出た（誤った）文字を「黒」で二段に分けて記入します。

　赤色と黒色を使って訂正することから「アカクロ訂正」と呼ばれています。なお、届出前に記入誤りがある場合は、二重線で取り消して正しく記入し直してください。社会保険関係の書類は日本年金機構のホームページからAdobe PDF、MS-Word、MS-Excel形式のファイルをダウンロードできます。MS-WordやMS-Excelファイルは入力誤りも簡単に修正できます。

届出書類　：訂正したい書類
提出先　　：所轄年金事務所窓口
提出期限　：速やかに
添付書類　：届出書類によって年金事務所の確認項目が異なります。所轄年金事務所で確認してください。

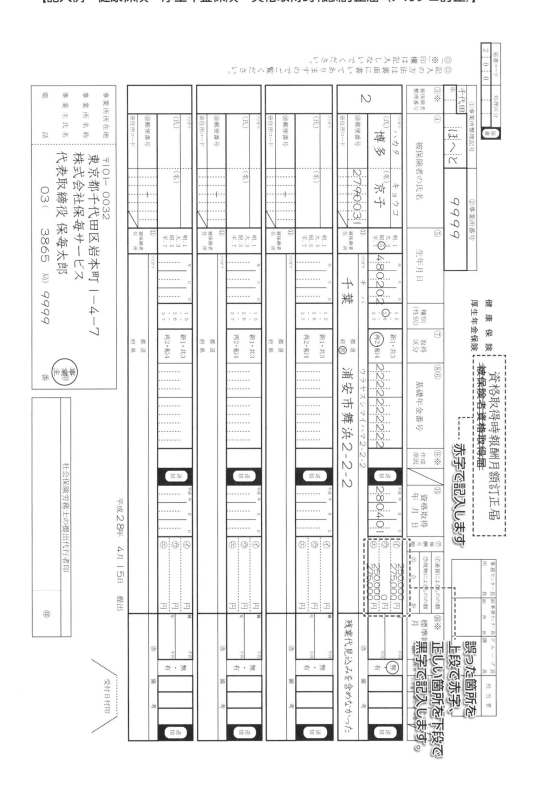

4-2 【労働保険】労働保険申告書はタテ線で訂正、納付書は訂正禁止!

　労働保険料申告書に誤った記入をした場合、間違えた文字・数字を取り消し、正しい文字・数字を横に記入します。ただし、領収済通知書（納付書）の数字を間違えて記入した場合は訂正することができません。納付書を新たにつくりなおしてください。

　すでに申告納付した前年度の確定労働保険料の内容に誤りがあった場合、または修正の必要がある場合は「労働保険　概算・増加概算・確定保険料申告書」を使って再確定申告を行い、労働保険料に差額がある場合は追加納付します。前々年度の申告内容に修正がある場合は、同じように「労働保険　概算・増加概算・確定保険料申告書」を使って修正申告します。前々年度の修正申告については、都道府県労働局から新たに領収済通知書（納付書）が送られてきます。いずれの修正申告についても、届出済の労働保険料概算・確定保険料申告書の控えを添付します。

届出書類　：労働保険　概算・増加概算・確定保険料申告書［様式第6号（第24条、第25条、第33条関係）（甲）］
提出先　　：所轄労働基準監督署窓口
添付書類　：修正対象年度の申告済み労働保険　概算・増加概算・確定保険料申告書の控え

【記入例　労働保険確定保険料修正申告】

書き間違いは縦線で訂正し、正しい数字を見やすいところに書きます。

納付書の金額を書き間違えたら再度新しい納付書に書いてください

4．届出した内容に誤りがありました

4-3 【雇用保険】所定の訂正用紙があります

　届け出た雇用保険の被保険者資格取得や喪失に誤りがあった場合、所定の書類で訂正手続きを行います。被保険者の氏名や性別、生年月日などの訂正については、身分証明書が必要です。また訂正内容や取消事由によって添付書類が変わりますので、注意しましょう。

届出書類　：雇用保険被保険者資格 取得喪失等届 訂正取消願［様式番号なし］
提出先　　：所轄公共職業安定所窓口
添付書類　：雇用保険被保険者証、確認通知書、雇用保険被保険者資格喪失届・氏名変更届／雇用保険被保険者転勤届、訂正・取消の根拠を確認できる書類（労働者名簿、賃金台帳、出勤簿、住民票・戸籍謄（抄）本、被保険者証、各種届確認通知書、雇用契約書、その他関係書類）
様式入手元：所轄公共職業安定所

【記入例　雇用保険被保険者資格　取得喪失等届　訂正取消願】

※データ送付　要・不要

雇用保険被保険者資格 取得/喪失 等届 訂正/取消 願

①取得/喪失 届等確認通知年月日　28年　4月　20日

フリガナ　コバヤシ　ミマイ
④被保険者氏名　小林 美毎

②被保険者番号　0000-765432-1

⑤被保険者となった年月日　28年　4月　10日

③事業所番号　1300-777777-0

訂正事項		誤（旧）			正（新）		
	フリガナ						
	⑥被保険者氏名						
	⑦生年月日	大・昭・平　年	月	日	大・昭・平　年	月	日
	⑧被保険者となった年月日	昭㊙　28年	4月	10日	昭・平　28年	4月	15日
	⑨離職年月日	昭・平　年	月	日	昭・平　年	月	日
	⑩その他						
統一事項	⑪重複統一 [被保険者証を二枚以上持っている場合に統合します。]	—			—		
取消事項	⑫資格取得届	⑯取消理由					
	⑬資格喪失届						
	⑭転勤届						
	⑮区分変更届						

上記のとおり 訂正/取消 していただきたくお願いいたします。

平成 28年　5月　1日

所　在　地　千代田区岩本町1-4-7
事業主　名　称　株式会社保毎サービス
代表者氏名　代表取締役　保毎太郎　㊞事業主

飯田橋 公共職業安定所長　殿

確認書類	労働者名簿　賃金台帳　出勤簿　住民票・戸籍謄（抄）本
	被保険者証　各種届確認通知書　契約書　その他関係書類

記入方法
1. ※欄は記入しないでください。
2. ①〜⑤欄は、訂正又は取消などを行う確認通知書（各届書の提出時の安定所からお渡ししたもの）の内容をそのまま記入してください。
3. ⑥〜⑮欄は、該当する欄のみを記入してください。ただし、取消の場合には⑯欄に取消理由を記入してください。
4. 代表者氏名について、記名押印又は自筆による署名のいずれかにより記載してください。
5. この願には、被保険者証、確認通知書、様式第4号を必ず添付し、訂正、取消の根拠を確認できる上記書類を持参してください。

受理（処理）年月日

課長	係長	係

社会保険労務士記載欄	作成年月日・事務代理者の表示	氏　名	電話番号
		㊞	

4．届出した内容に誤りがありました

第5章
仕事中(通勤途中)の けが、病気編

1. 従業員が仕事中や通勤途中のけがや病気で病院等で診療を受けました

労災保険では、仕事の事故を「業務災害」、通勤途中の事故を「通勤災害」と呼んでいます。

病院で診療を受けることになると、労災保険では、かかった治療費を全額補てんしてくれます。手続きが遅れると、いったん治療費を全額病院に支払うなど、従業員の負担も大きくなります。

会社は速やかに手続きをしましょう。

労災保険の給付は場面に応じて、たくさんあります。下図【労災保険給付の一覧】を参考にして、時効にかからないように注意をしましょう。

【労災保険給付の一覧】

保険給付の種類		どんなときに給付されるか？	時効
業務災害	通勤災害		
療養補償給付	療養給付	業務災害または通勤災害が原因で病院等で治療を受ける場合	2年
休業補償給付	休業給付	傷病の療養のために労働することができず、給料が支給されない場合	2年
障害補償給付	障害給付	傷病が治癒（症状固定）した後に、障害等級に該当する障害が残った場合	5年
傷病補償年金	傷病年金	療養開始後1年6か月を経過した日、または以後において、下記のいずれにも該当する場合 ・傷病が治癒していないこと ・障害の程度が傷病等級に該当すること	5年
介護補償給付	介護給付	下記の要件を満たしている場合 障害（補償）年金又は傷病（補償）年金受給者であること ・神経・精神の障害および胸腹部臓器の障害の程度が第1級または第2級であること ・現に介護を受けていること	2年
遺族補償給付	遺族給付	被災労働者が死亡した場合	5年
葬祭料	葬祭給付	被災労働者が死亡し、葬祭を行う場合	2年
二次健康診断等給付		直近の健康診断等において次のいずれにも該当する場合 ・血圧検査、血中脂質検査、血糖検査、腹囲又はBMIの測定のすべての検査において異常がみとめられるとき ・脳血管疾患または心臓疾患の症状がないとき	2年

1-1 【労災保険】仕事が原因で従業員が病院等で診療を受けました

従業員が仕事中のけがや病気が原因で病院にかかったときの手続きです

> **手続きのポイント〈こんなことに注意！〉**
> ◎「会社」と「医師」の両方の証明が必要です
> ◎通院した病院が労災病院（労災保険指定医療機関等）か否かで書類と提出先が変わります！

● 労災事故勃発！まずは慌てず近所の病院をチェック！

　業務災害が起こり、被災した従業員を近所の病院へ搬送する場合は、労災保険指定医療機関等へ搬送することがのぞましいです。ちなみに労災保険指定医療機関等とは、国から指定を受けた労災病院や指定医療機関・薬局等をさします。労災事故が原因で、これらの機関にかかった場合、無償で医療行為を受けることができます。

　この時、「病院」に提出する書類は「療養補償給付たる療養の給付請求書」です。

　それに対し、かかった病院が労災保険指定医療機関等でない病院や薬局、整骨院等である場合は、まず本人が全額（10割）、治療費を負担し、その後、所轄労働基準監督署に「療養補償給付たる療養の費用請求書」を提出することにより、後日、本人の指定口座に治療費分の金額が振り込まれます。いったん治療費を全額負担するということを考えると、本人の負担を減らすという意味でも、あらかじめ会社の近隣の労災保険指定医療機関等を調べておき、いざというときには、そちらに搬送することがのぞましいというわけです。

【書類の提出先】

医療機関	書類名	提出先
労災保険指定医療機関等	療養補償給付たる療養の給付請求書	病院を経由して所轄労働基準監督署
労災保険指定医療機関等でない病院・薬局、整骨院	療養補償給付たる療養の費用請求書	所轄労働基準監督署

● 労災保険指定医療機関で診療を受けることになったら

　仕事中に事故に遭い労災保険指定の病院等で診療を受けることになったら、その病院の窓口に「療養補償給付たる療養の給付請求書（様式第5号）」を提出しましょう。この書類を提出すれば、その日から診療費を病院に支払う必要はありません。

提出書類　：療養補償給付たる療養の給付請求書［様式第5号］
提出先　　：診療を受けた病院等（労災保険指定医療機関）
提出期限　：原則業務災害を負った日の翌日から2年以内ですが、病院の診療報酬の計算が月単位なので、なるべく早く
添付書類　：不要
様式入手元：所轄労働基準監督署窓口および厚生労働省労災保険給付関係請求書等ダウンロードサイト

【記入例　療養補償給付たる療養の給付請求書】

様式第5号(表面)　労働者災害補償保険
業務災害用
療養補償給付たる療養の給付請求書

帳票種別：34590
⑤労働保険番号：13101888880000
⑧性別：1（男）
⑨労働者の生年月日：5550101（昭和55年1月1日）
⑩負傷又は発病年月日：7280422（平成28年4月22日）
⑫労働者のシメイ：チュウオウタロウ
氏名：中央　太郎
⑯郵便番号：101-0032
フリガナ：トウキョウトチヨダク　イワモトチョウ
住所：東京都千代田区岩本町9-9-9
職種：事務職
⑰負傷又は発病の時刻：午前11時50分頃
⑱災害発生の事実を確認した者の職名、氏名
職名：総務課課長
氏名：千代田　花子

⑲災害の原因及び発生状況
事務所内の蛍光灯を取り替える際、机の上に乗って作業を行った。作業終了後、机の上から飛び降り、うまく着地できず転倒。腰部を強打した。

⑳指定病院等の
名称：とうきょう病院
所在地：東京都千代田区岩本町▲-▲-▲
郵便番号：101-0032

㉑傷病の部位及び状態：腰部挫傷

⑫の者については、⑩、⑰及び⑲に記載したとおりであることを証明します。
平成28年4月25日
事業の名称：株式会社保毎サービス
電話番号：3865-9999
事業場の所在地：千代田区岩本町1-4-7
郵便番号：101-0032
事業主の氏名：保毎太郎

上記により療養補償給付たる療養の給付を請求します。
平成28年4月25日
中央　労働基準監督署長　殿
経由：とうきょう病院
郵便番号：101-0032
住所：千代田区岩本町9-9-9
氏名：中央　太郎

1．従業員が仕事中や通勤途中のけがや病気で病院等で診療を受けました

（3）労災保険指定医療機関等でない病院等で診療を受けることになったら

　事故とは突発的に起こるものです。労災保険指定医療機関等に通院できればよいですが、近くに労災保険指定医療機関等がないかもしれません。そんな場合は、労災保険指定医療機関等以外の機関にかかり、治療をうけ、いったん治療費を全額支払ってください。その後、医師等の証明を受けた「療養補償給付たる療養の費用請求書」に治療費の領収証を添付し、所轄労働基準監督署に提出をします。この手続きによって、後日、ご本人の口座にかかった治療費が振り込まれます。

　「療養補償給付たる療養の費用請求書」には5種類あります。それぞれ医療機関等によって様式が違いますので注意をしましょう。請求書の種類は下表【療養補償給付たる療養の費用請求書の種類】の通りです。本書の記入例は、病院用の様式第7号(1)を載せています。

　労災保険指定医療機関等でない病院等で診療を受けることになった場合の手続きのポイントは、「支払った治療費の領収証」を添付する必要があるということです。

　ときどき、領収証を紛失したという話も聞きますが、その際は再発行の手続きが必要です。くれぐれも領収証は紛失しないように気を付けましょう。

【療養補償給付たる療養の費用請求書の種類】

労災保険指定医療機関等以外の医療機関等	様式名
病院	様式第7号(1)
薬局	様式第7号(2)
整骨院等	様式第7号(3)
はり師・きゅう師、あん摩マッサージ指圧師	様式第7号(4)
訪問看護事業者	様式第7(5)

提出書類　：療養補償給付たる療養の費用請求書［様式番号は上表参照］
提出先　　：所轄労働基準監督署窓口
提出期限　：業務災害や通勤災害を負った日の翌日から2年以内
添付書類　：支払った診療費の領収証
様式入手元：所轄労働基準監督署窓口および厚生労働省労災保険給付関係請求書等ダウンロードサイト

【記入例　療養補償給付たる療養の費用請求書】

様式第7号（1）（表面）　労働者災害補償保険
業務災害用
療養補償給付たる療養の費用請求書（同一傷病分）第　回

帳票種別 ※34260　①管轄局署　②業通別 1業通 / 3業通　受付年月日

③労働保険番号：府県 13 / 所掌 1 / 管轄 01 / 基幹番号 888888 / 枝番号 000
④年金証書の番号：管轄局／種別／西暦年／番号

⑤労働者の性別：1 男（明37・大・昭・平）
⑥労働者の生年月日：550101
⑦負傷又は発病年月日：7280422

⑨労働者の氏名（カタカナ）：チュウオウ　タロウ
氏名：中央 太郎　（41歳）　職種：事務職
⑩郵便番号：101-0032　住所：東京都千代田区岩本町9-9-9

新規・変更
振込を希望する金融機関の名称：りんご　中央
⑯預金の種類：1 普通
⑰口座番号：9999999
⑱メイギニン（カタカナ）：チュウオウ　タロウ
中央太郎

⑨の者については、⑦並びに裏面の（ヌ）及び（ヲ）に記載したとおりであることを証明します。

平成28年4月25日
事業の名称：株式会社保毎サービス　電話番号 3865-9999
事業場の所在地：千代田区岩本町1-4-7　郵便番号 101-0032
事業主の氏名：保毎太郎　（代表者印）

療養の内容
（イ）期間 28年4月22日から28年4月28日　7日間　診療実日数 2日
（ロ）傷病の部位及び傷病名：腰部挫傷
（ハ）傷病の経過の概要：腰部腫痛激しく、歩行困難。コルセットで固定し、経過は良好。
28年4月29日　治ゆ・継続中・転医・中止・死亡

⑨の者については、（イ）から（ニ）までに記載したとおりであることを証明します。
平成28年4月29日
病院又は診療所の所在地：東京都中央区日本橋○-○-○
名称：T2クリニック　電話番号 ××××
診療担当者氏名：時田 ツネオ（時田印）

（ニ）療養の内訳及び金額（内訳裏面のとおり。）　95,000円
（ホ）看護料
（ヘ）移送費
（ト）上記以外の療養費（内訳別紙請求書又は領収書　枚のとおり。）
（チ）療養の給付を受けなかった理由：最寄りの労災指定病院がなかったため
⑳療養に要した費用の額（合計）：95,000円

㉑費用の種別　㉒療養期間の初日　㉓療養期間の末日　㉔診療実日数　㉕転帰事由

上記により療養補償給付たる療養の費用の支給を請求します。

平成28年5月1日
請求人の　郵便番号 101-0032　電話 3865-9999
住所：千代田区岩本町9-9-9
氏名：中央 太郎（中央印）

中央労働基準監督署長　殿

1-2 【労災保険】通勤途中のけがや病気で従業員が病院等で診療を受けました

従業員が通勤途中のけがや病気が原因で病院にかかったときの手続きです

手続きのポイント〈こんなことに注意！〉

◎通勤災害に健康保険証を使うのはご法度！
◎通勤経路と所要時間に要注意。事故現場を正確に記載しましょう。

通勤途中の事故は、健康保険から給付を受けることはできません。従業員には、通勤災害に遭った時には決して健康保険証を使わず、すぐに会社に連絡をするように、周知をしておくとよいでしょう。

通勤途中の事故は、業務災害同様、労災保険指定医療機関等にかかった場合は、「療養給付たる療養の給付請求書」を病院へ、指定外の医療機関にかかった場合は、「療養給付たる療養の費用請求書」を所轄労働基準監督署へ提出します。

労災保険指定医療機関等の場合は、様式を提出すれば無償で治療を受けられ、労災保険指定医療機関等以外の医療機関の場合は、いったん全額を負担します。

手続きの際、「通常の通勤の経路や所要時間」を詳細に記載する必要があります。書類を作成する際には、従業員からあらかじめ申請を受けている通勤経路途中の事故か、始業時間や就業時間から著しく離れていないか等を確認しましょう。

〈ちょっと小話〉

アパート等の共有部分における事故は通勤災害として認められます。しかし、自宅の庭やドアから門までの間等、敷地内の事故は、通勤災害とはみなされません。

〈労災保険指定医療機関等にかかったとき〉

提出書類　：療養給付たる療養の給付請求書［様式第16号の3］

提出先　　：診療を受けた病院等（労災保険指定医療機関）

提出期限　：通勤災害を負った日の翌日から2年以内

添付書類　：不要

様式入手元：所轄労働基準監督署窓口および厚生労働省労災保険給付関係請求書等ダウンロードサイト

＜労災保険指定医療機関等以外の病院にかかったとき＞
提出書類　：療養給付たる療養の費用請求書

医療機関等	様式名
病院	様式第16号の5(1)
薬局	様式第16号の5(2)
整骨院等	様式第16号の5(3)
はり師・きゅう師、あん摩マッサージ指圧師	様式第16号の5(4)
訪問看護事業者	様式第16号の5(5)

提出先　　：所轄労働基準監督署
提出期限　：速やかに
添付書類　：支払った治療費の領収証

【記入例　療養給付たる療養の給付請求書】

様式第16号の3 (裏面)　　　通勤災害に関する事項

(イ)	災害時の通勤の種別 （該当する記号を記入）	イ　イ．住居から就業の場所への移動　　ロ．就業の場所から住居への移動 ハ．就業の場所から他の就業の場所への移動 ニ．イに先行する住居間の移動　　ホ．ロに後続する住居間の移動
(ロ)	負傷又は発病の年月日及び時刻	平成28年 2月 19日 午後 8時 10分頃
(ハ)	災害発生の場所	東京都港区□□駅 西口改札口
(ニ)	就業の場所 (災害時の通勤の種別がハに該当する場合は移動の終点たる就業の場所)	
(ホ)	就業開始の予定年月日及び時刻 (災害時の通勤の種別がイ、又はニに該当する場合は記載すること)	年 月 日 午前／午後 時 分頃
(ヘ)	住居を離れた年月日及び時刻 (災害時の通勤の種別がイ、ハ又はニに該当する場合は記載すること)	年 月 日 午前／午後 時 分頃
(ト)	就業終了の年月日及び時刻 (災害時の通勤の種別がロ、ハ又はホに該当する場合は記載すること)	年 月 日 午前／午後 時 分頃
(チ)	就業の場所を離れた年月日及び時刻 (災害時の通勤の種別がロ又はハに該当する場合は記載すること)	年 月 日 午前／午後 時 分頃
(リ)	災害時の通勤の種別に関する移動の通常の経路、方法及び所要時間並びに災害発生の日に住居又は就業の場所から災害発生の場所に至った経路、方法、所要時間その他の状況	自宅 ─徒歩20分─ □□駅 ─電車20分─ 岩本町駅 ─徒歩10分─ 会社 〔通常の通勤所要時間　0時間 50分〕
(ヌ)	災害の原因及び発生状況	通常の通勤経路により自宅から会社へ向かう途中 □□駅西口改札口にて転倒。 右足首を捻挫した。
(ル)	現認者の　住所 　　　　　氏名	東京都港区■■×-×-× 電話番号 ○○○○○○○○局 □□□□□□番 赤坂 険太
(ヲ)	転任の事実の有無 (災害時の通勤の種別がニ又はホに該当する場合)	有 ・ 無
	転任直前の住居に係る住所	

〔項目記入にあたっての注意事項〕
1　記入すべき事項のない欄又は記入枠は空欄のままとし、事項を選択する場合には当該事項を○で囲んでください。（ただし、⑧欄並びに⑨及び⑩欄の元号については該当番号を記入枠に記入してください。）
2　傷病年金の受給権者が当該傷病にかかる療養の給付を請求する場合には、⑤労働保険番号欄に左詰で年金証書番号を記入してください。また、⑨及び⑱欄は記載しないでください。
3　⑬は、請求人が健康保険の日雇特例被保険者でない場合には記載する必要はありません。
4　(ホ)は、災害時の通勤の種別がハの場合には、移動の終点たる就業の場所における就業開始の予定時刻を、ニの場合には、後続するイの移動の終点たる就業の場所における就業開始の予定の年月日及び時刻を記載してください。
5　(ト)は、災害時の通勤の種別がハの場合には、移動の起点たる就業の場所における就業終了の年月日及び時刻を、ホの場合には、先行するロの移動の起点たる就業の場所における就業終了の年月日及び時刻を記載してください。
6　(チ)は、災害時の通勤の種別がハの場合には、移動の起点たる就業の場所を離れた年月日及び時刻を記載してください。
7　(リ)は、通常の通勤の経路を図示し、災害発生の場所及び災害発生の日に住居又は就業の場所から災害発生の場所に至った経路を朱線等を用いてわかりやすく記載するとともに、その他の事項についてもできるだけ詳細に記載してください。
8　(ヌ)は、どのような場所を、どのような方法で往復している際に、どのような物又はどのような状況において、どのようにして災害が発生したかをわかりやすく記載してください。
9　「事業主の氏名」の欄及び「請求人の氏名」の欄は、記名押印することに代えて、自筆による署名をすることができます。

〔標準字体記入にあたっての注意事項〕
　　□□□で表示された記入枠に記入する文字は、光学式文字読取装置で直接読取を行いますので、以下の注意事項に従って、表面の右上に示す標準字体で記入してください。
1　筆記用具は黒ボールペンを使用し、記入枠からはみださないように書いてください。
2　「促音」「よう音」などは大きく書き、濁点、半濁点は1文字として書いてください。
　（例）キッテ → キツテ　　キョ → キヨ　　バ → ハ゛
3　シツソンは斜の弧を書きはじめるとき、小さくカギをつけてください。
4　1はカギをつけないで垂直に、4の2本の縦線は上で閉じないで書いてください。

派遣先事業主証明欄	派遣元事業主が証明する事項（表面の⑩並びに(ロ)、(ハ)、(ニ)、(ホ)、(ト)、(チ)、(リ)（通常の通勤の経路及び方法に限る。）及び(ヲ)）の記載内容について事実と相違ないことを証明します。		
	年 月 日	事業の名称	電話番号　　局　　番
		事業場の所在地	郵便番号　　-
		事業主の氏名 (法人その他の団体であるときはその名称及び代表者の氏名)	印

表面の記入枠を訂正したときの訂正印欄	削字印 加字印	社会保険労務士記載欄	作成年月日・提出代行者・事務代理者の表示	氏名	電話番号
				印	

(注) 通勤災害　療養給付たる療養の費用請求書　様式第16号の5については業務災害　療養補償給付たる療養の費用請求書　様式第7号とほぼ同様

1．従業員が仕事中や通勤途中のけがや病気で病院等で診療を受けました　　167

1-3 【労災保険】治療途中で通院中の病院を変えるとき

病院を変更する際の手続きです

手続きのポイント〈こんなことに注意!〉

◎変更前後の医療機関が労災保険指定医療機関等か、それ以外かで、その後の手続きと給付の形態が変わります!

　最初に搬送された病院が自宅などから遠く、治療の途中で近い病院に変えるということもあります。このような場合の手続きは、変更前後の医療機関が、それぞれ労災保険指定医療機関等か否かで変わりますので注意をしてください。

【病院の変更に必要な書類】

変更前の病院	変更後の病院	様式名	提出先
労災保険指定医療機関等	労災保険指定医療機関等	療養(補償)給付たる療養の給付を受ける指定病院等(変更)届 [業務災害で様式第6号] [通勤災害では様式第16号の4]	変更後の病院等
労災保険指定医療機関等	指定医療機関等以外の医療機関等	療養(補償)給付たる療養の費用請求書	所轄労働基準監督署
指定医療機関等以外の医療機関等	労災保険指定医療機関等	療養(補償)給付たる療養の給付請求書	変更後の病院等

提出書類　：上表【病院の変更に必要な書類】参照
提出先　　：上表【病院の変更に必要な書類】参照
提出期限　：速やかに
添付書類　：不要
様式入手元：所轄労働基準監督署窓口および厚生労働省労災保険給付関係請求書等ダウンロードサイト

【記入例　療養補償給付たる療養の給付を受ける指定病院等（変更）届】

様式第6号

通勤災害の場合は様式第16号のみ

労働者災害補償保険

療養補償給付たる療養の給付を受ける指定病院等（変更）届

中央　労働基準監督署長　殿　　　　　　　　　　　　　平成28年　5月16日

にほんばしこあみ　(病院)診療所薬局訪問看護事業者　経由

（郵便番号 101-0032）
住所　千代田区岩本町9-9-9
電話番号　○○○○○局　□□□□番

届出人の
氏名　中央　太郎　㊞

下記により療養補償給付たる療養の給付を受ける指定病院等を（変更するので）届けます。

① 労働保険番号					③ 氏名	中央　太郎 （男・女）	④ 負傷又は発病年月日
府県	所掌	管轄	基幹番号	枝番号	労働者の	生年月日　昭和50年　1月　1日（41歳）	平成28年 4月 19日
13	1	01	88888	000		住所　千代田区岩本町9-9-9	午前・㊵ 11時50分頃
② 年金証書の番号						職種　事務職	
管轄局	種別	西暦年	番号				

⑤ 災害の原因及び発生状況

事務所内の蛍光灯を取り替える際、机の上に乗って作業を行った。
作業終了後、机の上から飛び降り、うまく着地できず転倒。
腰部を強打した。

③の者については、④及び⑤に記載したとおりであることを証明します。

平成28年　5月16日

事業の名称　**株式会社保毎サービス**
郵便番号（105-0032）
事業場の所在地　千代田区岩本町1-4-7　　電話 3865局 9999番
事業主の氏名　保毎太郎　㊞代表者印
（法人その他の団体であるときはその名称及び代表者の氏名）

⑥ 指定病院等の変更	変更前の	名　称	とうきょう病院	労災指定医番号 ××××××××
		所在地	東京都千代田区岩本町▲－▲－▲	
	変更後の	名　称	にほんばしこあみ病院	
		所在地	東京都中央区日本橋●－●－●	
	変更理由		診療時間が短いため（平日午前中のみ）通院困難。夕方まで診療しているにほんばしこあみ病院に変更し、通院治療を受けるため。	
⑦ 傷病補償年金の支給を受けることとなった後に療養の給付を受けようとする指定病院等の		名　称		
		所在地		
⑧ 傷病名			腰部挫傷	

2. 仕事中や通勤途中のけがや病気が原因で会社を休んだら

2-1 【労災保険】従業員が仕事中のけがや病気で休みました

従業員が仕事中のけがや病気が原因で休んだときの手続きです

手続きのポイント〈こんなことに注意！〉

◎死傷病報告書を忘れずに！
◎休業の最初の3日間は会社が休業手当を払います。
◎労災保険の休業補償は4日目から。

（1）労災事故（業務災害）で休業、最初にすべきことは？

　従業員が業務災害で休業をすることになった場合、会社には二つの義務が発生します。

　一つ目は休業の最初の3日間分（休業は継続ではなく通算で数えます。）について、会社は休業手当を支払うという義務、そして二つ目は労働者死傷病報告書を所轄労働基準監督署に提出をするということです。

　労働者死傷病報告書は、以下の表のとおり申請期間が決まっています。休業が4日未満であれば、4半期（3カ月）に1度まとめて提出することができます。

【労働者死傷病報告書の提出】

休業期間等	提出時期	提出先
休業4日未満	4半期に1度	所轄労働基準監督署
死亡もしくは休業4日以上	遅滞なく（すぐにという意味です）	

　この労働者死傷病報告書を提出しないとどうなるかご存知でしょうか。俗に言う"労災かくし"ということになってしまいます。罰則を受ける可能性があるので気を付けてください。

　もう一点、休業の最初の3日間分について、会社は休業手当を支払うという点についても解説します。そもそも業務災害は会社の責任ということになっていますので、最初の3日分はペナルティとして会社が休業手当を支払います。4日目から労災の休業補償給付が支給されます。

> **〈こんなことも知っておくと便利〉**
>
> **労災保険の給付の額を求める場合に知っておきたい言葉**
> **「給付基礎日額」と「算定基礎日額」**
>
> 　労災保険では、『「給付基礎日額」や「算定基礎日額」の●●日分の給付が支給される』という表現がよく出てきます。この日額とは何か？を知っておくと、給付額の概算を求めることができます。
> 　「給付基礎日額」とは、療養以外の保険給付の額の算定に用いられる日額で、原則として、平均賃金相当の額になります。そして、「算定基礎日額」とは、特別年金等の支給額の基礎となるもので、"算定基礎年額（過去１年間に受けたボーナス等の特別給与）÷３６５"で求めた額となります。ぜひ覚えておきましょう。

●休業補償給付支給請求書は初回の請求がキモ

　休業補償給付支給請求書の初回の添付書類は、以下の通りです。

- 賃金台帳（労災事故が起こる前３カ月間の給与＋休業期間分１か月分の給与）
　　　　（過去１年分の賞与）
- タイムカードあるいは出勤簿：労災事故が起こる前３カ月間＋休業期間分１か月分

　２回目以降は、賃金台帳もタイムカード（出勤簿）も休業していた分のみですから、初回は少々書類が多くなります。通常は、被災労働者の金銭的な問題を考慮し、賃金締日ごと１ヵ月に一回申請をすることが多いです。

　初回は、「平均賃金算定内訳」を提出し、労働基準監督署で賃金台帳やタイムカード（出勤簿）と照合するため、手続きに時間がかかり、被災労働者の指定口座にお金が入ってくるまでに３～４カ月かかります。２回目以降は、当然初回の申請が通ってからということになりますので、時間がかかります。

　前項で説明した労働者死傷病報告書の提出年月日もこの休業補償給付支給請求書に記載する必要があります。よって、休業補償給付支給請求書を提出際に、この欄が未記入であれば、労働基準監督署から指摘を受けます。労働者死傷報告の休業４日以上の場合の期限は「遅滞なく」ですが、もし忘れていたら、速やかに休業補償給付支給請求書とともに提出をしましょう。

【労働者死傷病報告】

様式名	使用する場面	提出期限
労働者死傷病報告 [様式第23号]	休業４日以上+死亡	遅滞なく
労働者死傷病報告 [様式第24号]	休業３日以下	４半期に１度

提出書類　：休業補償支給請求書・休業特別支給金支給申請書［様式第8号］
提出先　　：所轄労働基準監督署窓口
提出期限　：休業を開始した日の翌日から2年以内（休業した日毎にカウントします）
添付書類　：《初回》・労働者死傷病報告［様式第23号］
　　　　　　　　・直近4ヵ月分の賃金台帳およびタイムカードまたは出勤簿
　　　　　　　　・直近1年分の賞与台帳
　　　　　《2回目以降》休業した期間（申請した期間）の賃金台帳およびタイムカード
　　　　　　　　または出勤簿
様式入手元：所轄労働基準監督署窓口および厚生労働省労災保険給付関係請求書等ダウン
　　　　　　ロードサイト

【記入例　休業補償給付支給請求書（表）】

【記入例　休業補償給付支給請求書（裏）】

様式第8号（裏面）

㉜ 労働者の職種	㉝ 負傷又は発病の時刻	㉞ 平均賃金（算定内訳別紙1のとおり）
事務職	午後 11時50分頃	9,286円 20銭

| ㉟ 所定労働時間 | 午前 9時00分から午後 18時00分まで | ㊱ 休業補償給付額、休業特別支給金額の改定比率 証明書のとおり |

㊲ 災害の原因及び発生状況　(あ)どのような場所で (い)どのような作業をしているときに (う)どのような物又は環境に (え)どのような不安全な又は有害な状態があって (お)どのような災害が発生したかを詳細に記入すること

事業内で蛍光灯を取り替える際、机の上に乗って作業を行った。作業終了後、机の上から飛び降り転倒。腰部を床に強打した。

㊳ 厚生年金保険等の受給関係

(イ) 基礎年金番号		(ロ) 被保険者資格の取得年月日	年　月　日
(ハ) 当該傷病に関して支給される年金の種類等	年金の種類	厚生年金保険法の　イ 障害年金　ロ 障害厚生年金 国民年金法の　ハ 障害年金　ニ 障害基礎年金 船員保険法の　ホ 障害年金	
	障害等級		級
	支給される年金の額		円
	支給されることとなった年月日	年　月　日	
	基礎年金番号及び厚生年金等の年金証書の年金コード		
	所轄年金事務所等		

表面の記入枠を訂正したときの訂正印欄　削字㊞　加字

社会保険労務士記載欄

作成年月日・提出代行者・事務代理者の表示	氏　名	電話番号
	㊞	

【記入例　休業補償給付支給請求書（表）】

様式第8号(別紙1)　(表面)

労働保険番号				氏名	災害発生年月日
府県 所掌 管轄	基幹番号	枝番号		中央　太郎	H28年　4月19日
13 1 01	888888	000			

平均賃金算定内訳
（労働基準法第12条参照のこと。）

雇入年月日	H20年　5月　16日	常用・日雇の別	(常用)・日雇
賃金支給方法	(月給)・週給・日給・時間給・出来高払制・その他請負制	賃金締切日	毎月　15日

A　月よって支払ったもの・週その他一定の期間に

	賃金計算期間	1月16日から 2月15日まで	2月16日から 3月15日まで	3月16日から 4月15日まで	計
	総日数	31日	29日	31日	(イ) 91日
賃金	基本賃金	220,000円	220,000円	220,000円	660,000円
	手当	10,640	10,640	10,640	31,920
	手当				
	計	230,640円	230,640円	230,640円	(ロ) 691,920円

B　日他若しくは時間又は出来高払制その他の請負制によって支払ったもの

	賃金計算期間	1月16日から 2月15日まで	2月16日から 3月15日まで	3月16日から 4月15日まで	計
	総日数	31日	29日	31日	(イ) 91日
	労働日数	20日	21日	23日	(ハ) 64日
賃金	基本賃金	円			
	残業手当	46,875	62,500	43,750	153,125
	手当				
	計	46,875円	62,500円	43,750円	153,125円
総計		277,515円	293,140円	274,390円	(ホ) 845,045円
平均賃金	賃金総額(ホ) 845,045円÷総日数(イ) 91 = 9,286円　20銭				

最低保障平均賃金の計算方法
　Aの(ロ)　　691,920　円÷総日数(イ)　91 =　　7,603円 51銭 (へ)
　Bの(ニ)　　153,125　円÷労働日数(ハ)　64 × $\frac{60}{100}$ =　1,435円 54銭 (ト)
　(へ)　7,603円51銭+(ト)1,435円54銭 =　9,039円 05銭 (最低保障平均賃金)

日日雇い入れられる者の平均賃金（昭和38年労働省告示第52号による。）	第1号又は第2号の場合	賃金計算期間	労働日数又は労働総日数	賃金総額	平均賃金(リ÷ヌ×$\frac{73}{100}$)
		月　日から 月　日まで	日	円	円　銭
	第3号の場合	都道府県労働局長が定める金額			円
	第4号の場合	従事する事業又は職業			
		都道府県労働局長が定めた金額			円
漁業及び林業労働者の平均賃金（昭和24年労働省告示第5号第2条による。）	平均賃金協定額の承認年月日	年　月　日	職種	平均賃金協定額	円

① 賃金計算期間のうち業務外の傷病の療養等のため休業した期間の日数及びその期間中の賃金を業務上の傷病の療養のため休業した期間の日数及びその期間中の賃金とみなして算定した平均賃金
　（賃金の総額(ホ)－休業した期間にかかる②の(リ)）÷（総日数(イ)－休業した期間②の(チ)）
　（　　　　円－　　　　円）÷（　　　日－　　　日）=　　　円　銭

２．仕事中や通勤途中のけがや病気が原因で会社を休んだら　　175

【記入例　休業補償給付支給請求書（別紙）（裏）】

様式第8号(別紙1)　（裏面）

② 業務外の傷病の療養等のため休業した期間及びその期間中の賃金の内訳				
賃金計算期間	月　日から 月　日まで	月　日から 月　日まで	月　日から 月　日まで	計
業務外の傷病の療養等のため休業した期間の日数	日	日	日	(チ) 日
業務外の傷病の療養等のため休業した期間中の賃金　基本賃金	円	円	円	円
手当				
手当				
計	円	円	円	(リ) 円
休業の事由				

	支払年月日	支払額
③特別給与の額	平成27年 12月 15日	400,000 円
	平成27年 7月 15日	300,000 円
	平成26年 12月 15日	400,000 円
	平成26年 7月 15日	200,000 円
	年　月　日	円
	年　月　日	円
	年　月　日	円

［注意］

③欄には、負傷又は発病の日以前2年間（雇入後2年に満たない者については、雇入後の期間）に支払われた労働基準法第12条第4項の3箇月を超える期間ごとに支払われる賃金（特別給与）について記載してください。

ただし、特別給与の支払時期の臨時的変更等の理由により負傷又は発病の日以前1年間に支払われた特別給与の総額を特別支給金の算定基礎とすることが適当でないと認められる場合以外は、負傷又は発病の日以前1年間に支払われた特別給与の総額を記載して差し支えありません。

【記入例　労働者死傷病報告　様式23号（表）】

労働者死傷病報告

様式第23号（第97条関係）（表面）

労働保険番号：81001　13101　888888　000
事業の種類：出版業

事業場の名称：
カナ：カブシキガイシャホマイサービス
漢字：株式会社保毎サービス

事業場の所在地：千代田区岩本町1-4-7　電話 03（3865）9999
郵便番号：101-0032
労働者数：85人
発生日時：7：平成　728　04　19　11　50

被災労働者の氏名：
カナ：チュウオウ　タロウ
漢字：中央　太郎
生年月日：5:昭和　55　01　01　（41歳）
性別：男
職種：事務職
経験期間：08年0月

休業見込：30日
傷病名：腰部挫傷
傷病部位：腰部
被災地の場所：事務所内

災害発生状況及び原因：
事業内で蛍光灯を取り替える際、
机の上に乗って作業を行った。
作業終了後、机の上から飛び降り
転倒。
腰部を床に強打した。

略図：机（約70cm）から飛び降りた → 床

報告書作成者　職氏名：総務課課長　千代田花子

平成28年　4月　28日
中央　労働基準監督署長殿

事業者職氏名：株式会社保毎サービス　代表取締役 保毎太郎　㊞

受付印

2．仕事中や通勤途中のけがや病気が原因で会社を休んだら　177

【記入例　労働者死傷病報告　様式24号】

労働者死傷病報告

様式第24号（第97条関係）

事業の種類	事業場の名称（建設業にあっては工事名を併記のこと。）	事業場の所在地	電話	労働者数
建設業	●●建設・◆◆ビルディング JV 工事名　××ビル△△△工事	茨城県水戸市●●●0-0-0	029(999)9999	20人

期間：平成28年 4月から平成28年 6月まで

被災労働者の氏名	性別	年齢	職種	発生月日	傷病名及び傷病の部位	休業日数	災害発生状況
保険 五郎	男	32歳	現場作業員	4月5日	右足首捻挫	2日	工具に躓いて転倒。左足首をひねった。
	男女	歳		月　日		日	
	男女	歳		月　日		日	
	男女	歳		月　日		日	
	男女	歳		月　日		日	
	男女	歳		月　日		日	
	男女	歳		月　日		日	

報告書作成者職氏名　職名　現場主任者　氏名　山田 九郎

平成28年 7月 4日

　　　　事業者職氏名　株式会社●●建設
　　　　　　　　　　　代表取締役　丸太 十郎　㊞

水戸　労働基準監督署長　殿

備考　氏名を記載し、押印することに代えて、署名することができる。

2-2 【労災保険】従業員が通勤途中のけがや病気で休みました

従業員が通勤途中のけがや病気が原因で休んだときの手続きです

手続きのポイント〈こんなことに注意！〉

◎労災保険の休業補償は4日目から。
◎通勤災害では、死傷病報告書も休業補償も不要です。

●通勤災害は会社の責任ではありません

　業務災害と通勤災害において、大きな違いは、会社に責任があるかないかという点です。通勤災害については、会社に責任はありませんから、労働者死傷病報告書も最初の3日間の休業補償も必要ありません。

　手続き上、重要なのは、療養の給付と同様、通勤経路、災害発生時間、場所等を詳細に記入する必要があることと、第三者行為災害か否かが厳密に問われるという点です。

　あとは、業務災害とほぼ同じです。初回の申請から給付額の振込まで時間がかかるということや、添付書類等も特に変わりませんので、「第5章2-1【労災保険】従業員が仕事中のけがや病気で休みました」（170ページ）を参考にしてください。

　通勤災害の場合、初回の休業給付から200円の一部負担金が徴収されます。

提出書類　：休業給付支給請求書［様式第16号の6］
提出先　　：所轄労働基準監督署窓口
提出期限　：休業を開始した日の翌日から2年以内（休業した日ごとにカウントします）
添付書類　：直近4ヶ月分の賃金台帳およびタイムカード（出勤簿）
様式入手元：所轄労働基準監督署窓口および厚生労働省労災保険給付関係請求書等ダウンロードサイト

【記入例　休業給付支給請求書（様式第16号の6）（裏面）】

様式第16号の6（裏面）

〔注意〕

㉜	労働者の職種	事務職	㉝	負傷又は発病の年月日及び時刻	H28年 2月20日 午後 8時 10分頃	㉞	平均賃金（算定内訳別紙1のとおり） ●,●●● 円 ●● 銭
㉟	災害時の通勤の種別（該当する記号を記入）	イ		イ．住居から就業の場所への移動　　ロ．就業の場所から住居への移動 ハ．就業の場所から他の就業の場所への移動 ニ．イに先行する住居間の移動　　　ホ．ロに後続する住居間の移動			
㊱	災害発生の場所	東京都港区□□駅西口改札口
㊲	就業の場所	千代田区岩本町1-4-7
㊳	就業開始の予定年月日及び時刻	H28年 2月 20日 午後 9時 00分頃
㊴	住居を離れた年月日及び時刻	H28年 2月 20日 午後 7時 50分頃
㊵	就業終了の年月日及び時刻	年　月　日　午前/午後　時　分頃
㊶	就業場所を離れた年月日及び時刻	年　月　日　午前/午後　時　分頃
㊷	災害時に通勤の種別に関する移動の通常の経路、方法及び所要時間並びに災害発生の日に住居又は就業の場所から災害発生の場所に至った経路、方法、所要時間その他状況	自宅　徒歩20分　□□駅（災害発生）　電車20分　岩本町駅　徒歩10分　会社 〔通常の通勤所要時間〕 0 時間 50 分
㊸	災害の原因及び発生状況	通常の通勤経路により自宅から会社へ向かう途中 □□駅西口改札口にて転倒。 右足首を捻挫した。
㊹	現認者の	住所	東京都港区■■×-×-×　電話 ○○○○局 □□□□番
		氏名	赤坂 険太
㊺	第三者行為災害	該当する・該当しない
㊻	健康保険日雇特例被保険者手帳の記号及び番号	
㊼	転任の事実の有無	有・無	㊽	転任直前の住居に係る住所	
㊾	休業給付額・休業特別支給金額の改定比率	（平均給与額証明書のとおり）
㊿ 厚生年金保険等の受給関係	（イ）基礎年金番号		（ロ）被保険者資格の取得年月日　年　月　日
	（ハ）当該傷病に関して支給される年金の種類等	年金の種類	厚生年金保険法の　イ,ロ,ハ,ニ 国民年金法の　イ,ロ,ハ 船員保険法の　ホ 障害年金
		障害等級	級
		支給される年金の額	円
		支給されることとなった年月日	年　月　日
		基礎年金番号及び厚生年金等の年金証書の年金コード	
		所轄年金事務所等	

| 表面の記入枠を訂正したときの訂正印欄 | 削　字　印
加　字 |

| 社会保険労務士記載欄 | 作成年月日・提出代行者・事務代理者の表示 | 氏名　印 | 電話番号 |

※**休業給付支給請求書**（様式第16号の6）の表面は様式第8号（173ページ）と同じです

3. 仕事中や通勤途中のけがや病気が原因で障害が残ったら

従業員が仕事中（通勤途中）のけがや病気が原因で障害が残ったときの手続きです。

手続きのポイント〈こんなことに注意！〉

- ◎障害のキーワードは「症状固定」と「治ゆ」
- ◎障害の程度によって保障される金額も変わる
- ◎添付書類には、エックス線写真等の資料も必要
- ◎年金関係の給付には、マイナンバーの記載が必要（参考：第8章）

（1）　障害（補償）給付がもらえるのは、いつから？

　　障害補償給付がもらえるのは、「症状固定」をした時からになります。「症状固定」とは「治ゆ」すなわち治ったことを医師が判断をした時が一つの目安です。療養中は支給されません。

（2）　労災事故（業務災害、通勤災害）で障害が残りました。補償はどの程度？

　　手続きの仕方を説明する前にどの程度補償されるのか解説します。

　　障害（補償）給付は、その障害の程度によって、等級が決定されます。等級によって一時金や年金に分かれます。詳細は【障害等級別　障害（補償）給付】（182ページ）をご覧ください。障害の等級は、「労働者災害補償保険法施行規則」に則って、所轄労働基準監督署が決定をします。

（3）　障害等級が高く年金をもらえる場合、前払一時金としてもらうこともできます

　　障害等級の1級から7級の認定を受けた場合、障害の程度が軽快するまで一生涯年金の給付を受けることができます。しかし、障害認定をされたばかりのときは、何かと物入りであることも多いです。よって、前払いで一時金をもらうこともできます。前払い一時金は金額で請求をするのではなく、給付日数で請求をします。

【障害等級別 障害（補償）給付】

障害等級	障害（補償）給付		障害特別支給金(注)		障害特別年金		障害特別一時金	
第1級	年金	給付基礎日額の313日分	一時金	342万円	年金	算定基礎日額の313日分		
第2級	〃	給付基礎日額の277日分	〃	320万円	〃	算定基礎日額の277日分		
第3級	〃	給付基礎日額の245日分	〃	300万円	〃	算定基礎日額の245日分		
第4級	〃	給付基礎日額の213日分	〃	264万円	〃	算定基礎日額の213日分		
第5級	〃	給付基礎日額の184日分	〃	255万円	〃	算定基礎日額の184日分		
第6級	〃	給付基礎日額の156日分	〃	192万円	〃	算定基礎日額の156日分		
第7級	〃	給付基礎日額の131日分	〃	159万円	〃	算定基礎日額の131日分		
第8級	一時金	給付基礎日額の503日分	〃	65万円			一時金	算定基礎日額の503日分
第9級	〃	給付基礎日額の391日分	〃	50万円			〃	算定基礎日額の391日分
第10級	〃	給付基礎日額の302日分	〃	39万円			〃	算定基礎日額の302日分
第11級	〃	給付基礎日額の223日分	〃	29万円			〃	算定基礎日額の233日分
第12級	〃	給付基礎日額の156日分	〃	20万円			〃	算定基礎日額の156日分
第13級	〃	給付基礎日額の101日分	〃	14万円			〃	算定基礎日額の101日分
第14級	〃	給付基礎日額の56日分	〃	8万円			〃	算定基礎日額の56日分

（注）同一の災害により、既に傷病特別支給金を受けた場合は、その差額

提出書類 :	業務災害の場合	障害補償給付請求書・障害特別支給金／障害特別年金／障害特別一時金支給申請書［様式10号］
	通勤災害の場合	障害給付支給請求書・障害特別支給金／障害特別年金／障害特別一時金支給申請書［様式16号の7］

提出先　　：所轄労働基準監督署窓口

提出期限　：症状固定（治ゆ）した日の翌日から5年以内

添付書類　：エックス線写真等

　　　　　　会社が労働者に代って申請する場合には、委任状（274ページ参照）

様式入手元：所轄労働基準監督署窓口および厚生労働省労災保険給付関係請求書等ダウンロードサイト

【記入例　障害補償給付支給請求書】

様式第10号（表面）
業務災害用

労働者災害補償保険
障害補償給付支給請求書
障害特別支給金
障害特別年金支給申請書
障害特別一時金

① 労働保険番号						フリガナ	シンジュクヤスオ	④ 負傷又は発病年月日
府県	所掌	管轄	基幹番号	枝番号	氏名	新宿 保夫　(男)・女		平成27年 10月 7日
13	1	08	777777	000	生年月日	昭和45年 10月 10日（45歳）		午前 10時 10分頃

② 年金証書の番号
管轄局　種別　西暦年　番号

フリガナ　トウキョウトコウトウク
住所　東京都江東区▲▲●-●-●
職種　プレス工
所属事業場 名称・所在地

⑤ 傷病の治癒した年月日
平成28年 2月 13日

⑥ 災害の原因及び発生状況（災害発生場所、作業内容、状況等を簡明に記載すること。）
プレス加工作業中、プレス機の台の上に、金型を置こうとしたところ
プレス台と金型に左手がはさまれた。
その結果、左手首が切断した。

⑦ 平均賃金　●,●●● 円 ●● 銭

⑧ 特別給与の総額（年額）　●●●,●●● 円

⑨ 厚生年金保険等の受給関係
　イ 厚年等の年金証書の基礎年金番号・年金コード
　ロ 当該傷病に関して支給される年金の種類等
　　年金の種類：厚生年金保険法の イ.障害年金 ロ.障害厚生年金／国民年金法の イ.障害年金 ロ.障害基礎年金／船員保険法の障害年金
　　障害等級　　級
　　支給される年金の額　　円
　　支給されることとなった年月日　　年 月 日
　　厚年等の年金証書の基礎年金番号・年金コード
　　所轄年金事務所等
　ハ 被保険者資格の取得年月日　　年 月 日

③の者については、④、⑥から⑧まで並びに⑨のイ及びロに記載したとおりであることを証明します。

平成28年 2月 17日

事業の名称　保毎工業株式会社　電話（03）●●●●-▲▲▲▲
事業場の所在地　東京都新宿区▲▲9-9-9 〒160-0000
事業主の氏名　保毎 五郎　㊞（代表者）
（法人その他の団体であるときは、その名称及び代表者の氏名）

〔注意〕⑨のイ及びロについては、③の者が厚生年金保険の被保険者である場合に限り証明すること。

⑩ 障害の部位及び状態　（診断書のとおり）
⑪ 既存障害がある場合にはその部位及び状態
⑫ 添付する書類その他の資料名　X線写真一葉

⑬ 年金の払渡しを受けることを希望する金融機関又は郵便局

	名称	※金融機関店舗コード		
支払を受けることを希望する金融機関（銀行、金庫、農協、漁協、信組）	みかん 銀行・金庫 農協・漁協・信組		新宿	本店・本所 出張所 (支店)・支所
	預金通帳の記号番号	普通・当座 第 9999999 号		

郵便局 支店等又は郵便貯金銀行の郵便局
※郵便局コード
フリガナ
名称
所在地　都道府県　市都区
預金通帳の記号番号　第　号

上記により
障害補償給付の支給を請求します。
障害特別支給金
障害特別年金　の支給を申請します。
障害特別一時金

平成28年 2月 17日
　　新宿　労働基準監督署長 殿

〒135-0000
電話（03）●●●●-●●●●
請求人の申請人の
住所　東京都江東区▲▲×-×-×
氏名　新宿 保夫　㊞

□本件手続を裏面に記載の社会保険労務士に委託します。

個人番号　1 3 4 5 5 5 5 6 6 7 8 9

振込を希望する金融機関の名称		預金の種類及び口座番号	
みかん 銀行・金庫 農協・漁協・信組	新宿 本店・本所 出張所 (支店)・支所	普通・当座 第 9999999 号 口座名義人 新宿 保夫	

3．仕事中や通勤途中のけがや病気が原因で障害が残ったら

[記入例　障害補償年金前払一時金請求書]

業務災害・通勤災害の共通様式です。申請しない方を消しましょう。

年金申請様式第10号

労働者災害補償保険
~~障害補償年金~~
~~障害年金~~　前払一時金請求書

(注意)

1　請求人の給付日数の（　）には、○印で囲むこと。

2　「請求人の氏名」の欄は、記名押印することに代えて、加重障害の給付日数を記入すること。自筆による署名をすることができる。

年金証書の番号	管轄局	種別	西暦年	番号
	13	1	15	9999

請求人（被災労働者）
氏名　新宿 保夫 ㊞(新宿)
生年月日　明・大・㊐・平　45年10月10日
住所　東京都江東区▲▲●-●-●

請求する給付日数（○でかこむ）

第一級	200・400・600・800・1000・1200・1340日分	(　　)
第二級	200・400・600・800・1000・1190日分	(　　)
第三級	200・400・600・800・1000・1050日分	(　　)
第四級	200・400・600・800・920日分	(　　)
第五級	200・400・⑥⑥⑥・790日分	(　　)
第六級	200・400・600・670日分	(　　)
第七級	200・400・560日分	(　　)

労災年金支給の有無（○でかこむ）　受けている・⑭受けていない

上記のとおり ~~障害補償年金~~ ~~障害年金~~ 前払一時金を請求します。

平成　28　年　7　月　29　日

郵便番号　135-0000　電話番号（□□□□）□□□□
住所　東京都江東区▲▲×-×-×
請求人の（代表者）氏名　新宿 保夫　㊞(新宿)

新宿　労働基準監督署長　殿

振込を希望する銀行等の名称(郵便貯金銀行の支店等を除く)			預金の種類及び口座番号
みかん	銀行・金庫 農協・漁協・信組	新宿 本店・支店・支所	㊙普通・当座　第 9999999 号 名義人　新宿 保夫

(物品番号63311)

4. 従業員が仕事中（通勤途中）のけがや病気で死亡したら

従業員が仕事中（通勤途中）のけがや病気が原因で死亡したときの手続きです。

手続きのポイント〈こんなことに注意！〉

◎給付を受給できるのは遺族
◎他にはない特別な制度「転給」
◎年金関係の給付には、マイナンバーの記載が必要（参考：第8章）

（1） 被災労働者が亡くなった場合労災保険で補償される給付は遺族（補償）年金

遺族（補償）年金という名前の通り、被災労働者が亡くなることによって残された遺族の生活保障のための給付です。被災労働者の死亡当時、労働者の収入によって生計を維持していた遺族が受給の対象となります。給付を受けられる遺族の順位は以下の通りです。

【遺族（補償）給付を受けられる遺族の順位】

① 妻または60歳以上か一定の障害を持つ夫
② 18歳に達する日以後の最初の3月31日までの間にあるか、一定の障害を持つ子
③ 60歳以上か一定の障害を持つ父母
④ 18歳に達する日以後の最初の3月31日までの間にあるか一定の障害を持つ孫
⑤ 60歳以上か一定の障害を持つ祖父母
⑥ 18歳に達する日以後の最初の3月31日までの間にあるか60歳以上または一定の障害を持つ兄弟姉妹
⑦ 55歳以上60歳未満の夫
⑧ 55歳以上60歳未満の父母
⑨ 55歳以上60歳未満の祖父母
⑩ 55歳以上60歳未満の兄弟姉妹
※一定の障害とは、障害等級第5級以上の身体障害をいいます。
※配偶者の場合、婚姻の届出をしていなくても、事実上婚姻関係と同様の事情にあった方も含まれます。
　また、被災労働者の死亡の当時、胎児であった子は、生まれたときから受給資格者となります。
※ 最先順位者が死亡や再婚などで受給権を失うと、その次の順位の者が受給権者となります（これを「転給」といいます）。
※ ⑦〜⑩の55歳以上60歳未満の夫・父母・祖父母・兄弟姉妹は、受給権者となっても、60歳になるまでは年金の支給は停止されます（これを「若年停止」といいます）。

（2） 障害（補償）年金同様、遺族（補償）年金も前払一時金としてもらうこともできます

遺族（補償）年金の前払一時金は、最大1000日分までです。障害（補償）年金同様、単位は200日、400日、600日、800日、1000日の中から遺族が任意で選ぶことができます。

これを「前払一時金」と言います。

前払一時金が支給されると、遺族（補償）年金は、各月分の合計額が、前払一時金の額に達するまでの間支給停止されますので注意をしましょう。

給付額は遺族の人数によって、以下のように定められています

【遺族（補償）給付の額】

遺族人数	遺族（補償）年金	遺族特別年金
1人	給付基礎日額の153日分（ただし、その遺族が55歳以上の妻または一定の障害状態にある妻の場合は給付基礎日額の175日分）	算定基礎日額の153日分（ただし、その遺族が55歳以上の妻または一定の障害状態にある妻の場合は給付基礎日額の175日分）
2人	給付基礎日額の201日分	算定基礎日額の201日分
3人	給付基礎日額の223日分	算定基礎日額の223日分
4人以上	給付基礎日額の245日分	算定基礎日額の245日分

【遺族（補償）給付の額】

	遺族（補償）一時金	遺族特別一時金	遺族特別支給金
労働者の死亡時点において、遺族（補償）年金の受給権者がいないとき	給付基礎日額の1,000日分	算定基礎日額の1,000日分	300万円
遺族（補償）年金の受給権者が全員失権し、すでに支給された遺族（補償）給付の合計額が給付基礎日額の1,000日分に満たない時	給付基礎日額の1,000日分－「すでに給付された遺族（補償）給付の額」	算定基礎日額の1,000日分－すでに支給された遺族特別年金の額	なし

提出書類　：遺族（補償）年金

業務災害の場合	遺族補償年金支給請求書・遺族特別支給金／遺族特別年金　支給申請書［様式第12号］
通勤災害の場合	遺族年金支給請求書・遺族特別支給金／遺族特別年金　支給申請書［様式第16号の8］

《特に前払いを希望する場合》

遺族補償年金・遺族年金　前払一時金請求書［年金申請様式第1号］

遺族（補償）一時金

業務災害の場合	遺族補償一時金支給請求書・遺族特別支給金／遺族特別一時金支給申請書［様式第15号］
通勤災害の場合	遺族一時金支給請求書・遺族特別支給金／遺族特別一時金　支給申請書［様式第16号の9］

提出先　　：所轄の労働基準監督署窓口
提出期限　：死亡した日の翌日から5年以内
添付書類　：戸籍謄本、死亡診断書等
　　　　　　会社が遺族に代わって年金の請求をする場合は委任状（274ページ参照）
様式入手元：所轄労働基準監督署または厚生労働省労災保険給付関係請求書等ダウンロードサイト

〈こんなことも知っておくと便利〉

　遺族（補償）年金には「転給」という制度があります。
「転給」とは、受給順位の最先の人が亡くなった場合等、次の順位の人に給付が移っていくという制度です。

【記入例　遺族補償年金支給請求書】

【記入例　遺族補償年金前払一時金請求書】

業務災害・通勤災害の共通様式です。申請しない方を消しましょう。

労働者災害補償保険

年金申請様式第1号

遺族補償年金 前払一時金請求書
~~遺族年金~~

年金証書の番号		管轄局	種別	西暦年	番号
		1 3	1	1 5	7 7 7 7

死亡労働者	氏名	上野保 毎夫
	住所	東京都大田区■■ 1-1-1

	氏名（記名押印又は署名）	生年月日	住所
請求人	上野保 毎江 ㊞（上野保）	明大昭平　36年 3月10日	東京都大田区■■ 1-1-1
	上野保 毎果 ㊞（上野保）	明大昭平　14年 2月 1日	同上
	㊞	明大昭平　年 月 日	
	㊞	明大昭平　年 月 日	
	㊞	明大昭平　年 月 日	

労災年金受給の有無を○でかこむ	請求する給付日数
受けている　(受けていない)	(200・400・⑥⑥⑥・800・1000日分) ○でかこむ

上記のとおり 遺族補償年金 前払一時金を請求します。
　　　　　　~~遺族年金~~

平成 28年 2月 2日

振込を希望する銀行等の名称:（郵便貯金銀行の支店等を除く）	
なし	銀行・金庫 農協・漁協・信組
大田	本店 支店 支所
預金の種類及び口座番号	
㊒ 普通 当座　第 1111111 号　名義人 上野保 毎江	

郵便番号 146-0000　電話番号 (●●●●) ××××
住所 東京都大田区■■ 1-1-1
請求人の（代表）氏名 上野保 毎江 ㊞（上野保）
（記名押印又は署名）

上野 労働基準監督署長 殿

（物品番号6331）

【記入例　遺族補償一時金支給請求書】

様式第15号（表面）

労働者災害補償保険
遺族補償一時金支給請求書
遺族特別支給金　支給申請書
遺族特別一時金

［注意］
取扱いを受けている場合に、死亡労働者が直接所属していた支店、工事現場等を記載すること。

③の死亡労働者の所属事業場名称・所在地欄には、死亡労働者が直接所属していた事業場が一括適用の

① 労働保険番号					③ フリガナ	ブンキョウクヤ		④ 負傷又は発病年月日
府県	所掌	管轄	基幹番号	枝番号	死亡労働者	氏名	文京 区也 （男）女	平成28年 4月 4日
13	1	06	99999	000		生年月日 昭和55年 5月 5日（35歳）		午前・後 10時 50分頃
② 年金証書の番号						職種 大工		⑤ 死亡年月日
管轄局	種別	西暦年	番号	枝番号		所属事業場名称所在地		平成27年 4月 4日
13	1	10	9999	00				
⑥ 災害の原因及び発生状況								⑦ 平均賃金
▲▲マンションの改修工事において、工具を運搬中、高さ30mの足場より地面へ落下。全身を強く打ち死亡。								8,569円 72銭
								⑧ 特別給与の総額（年額）
								500,000円

③の者については、①及び⑥から⑧までに記載したとおりであることを証明します。

電話番号　1111局　1111番

平成28年　5月　2日

事業の名称　保毎建設株式会社
郵便番号
事業場の所在地　東京都大田区▲▲ 1-2-3
事業主の氏名　大森 有田　㊞
（法人その他の団体であるときはその名称及び代表者の氏名）

	フリガナ 氏名	生年月日	フリガナ 住所	死亡労働者との関係	請求人（申請人）の代表者を選任しないときはその理由
⑨ 請求人申請人	ブンキョウクオ 文京 区夫	昭和28年 3月 5日	トウキョウトエドガワク 東京都江戸川区●●0-0-0	父	
		年 月 日			
		年 月 日			
		年 月 日			

⑩ 添付する書類その他の資料名　戸籍謄本　死亡診断書

上記により
遺族補償一時金の支給を請求します。
遺族特別支給金の支給を申請します。
遺族特別一時金

郵便番号 132-0000　電話番号 2222局 2222番

平成28年　5月　2日

請求人申請人（代表者）の住所　東京都江戸川区●●0-0-0
氏名　文京 区夫　㊞

大田　労働基準監督署長　殿

振込を希望する金融機関の名称				預金の種類及び口座番号	
なし	銀行・金庫農協・漁協・信組	江戸川	本店・本所出張所支店・支所	普通・当座　第2222222号	口座名義人　文京 区夫

通勤災害　遺族年金支給請求書　様式16号の8は
業務災害　遺族補償年金支給請求書　様式第12号とほぼ同じ

（3）　お葬式の補助として「葬祭料（葬祭給付）」の支給を受けることができます

　労働者が死亡したとき、葬儀を行う者に支給される給付です。したがって、社葬を行う場合、会社が給付を受けることになります。

　業務災害の場合を葬祭料、通勤災害の場合を葬祭給付といいます。支給額は、

315,000円＋給付基礎日額30日分

です。

　ただし、この額が給付基礎日額の60日分に満たない場合は、給付基礎日額の60日分が支給されます。

提出書類　：

業務災害の場合	葬祭料請求書[様式第16号]
通勤災害の場合	葬祭給付請求書[様式第16号の10]

提出先　　：所轄労働基準監督署窓口
提出期限　：死亡した日の翌日から2年以内
添付書類　：戸籍謄本、死亡診断書等
様式入手元：所轄労働基準監督署窓口および厚生労働省労災保険給付関係請求書等ダウンロードサイト

【記入例　葬祭料請求書】

様式第16号（表面）
業務災害用

労働者災害補償保険
葬 祭 料 請 求 書

① 労働保険番号				
府県	所掌	管轄	基幹番号	枝番号
13	1	03	99990	000

③ フリガナ　カミノホ　マイエ
請求人の氏名　上野保　毎江
住所　東京都大田区■■1-1-1
死亡労働者との関係　妻

② 年金証書の番号

管轄局	種別	西暦年	番号

④ 死亡労働者の
フリガナ　カミノホ　マイオ
氏名　上野保　毎夫　（男）・女
生年月日　昭和35年　5月　21日（55歳）
職種　トラック運転手
所属事業場名称所在地

⑤ 負傷又は発病年月日
平成28年　1月　29日
午前・(午後)　9時　45分頃

⑥ 災害の原因及び発生状況
事務所に戻り、積荷を降ろそうと4tトラックの荷台に上がり、積荷のカバーを外していたところ足がすべり荷台より地面に頭から落下して頭蓋骨骨折にて死亡した。

⑦ 死亡年月日
平成28年　1月　30日

⑧ 平均賃金
9,356円　97銭

④の者については、⑤、⑥及び⑧に記載したとおりであることを証明します。

平成28年　2月　2日

電話番号　××-△△-○○○○局番

事業の名称　保毎流通株式会社
郵便番号
事業場の所在地　東京都台東区●●8-7-1
事業主の氏名　代表取締役　保毎九郎　㊞
（法人その他の団体であるときはその名称及び代表者の氏名）

⑨ 添付する書類その他の資料名　戸籍謄本　死亡診断書

上記により葬祭料の支給を請求します。

平成28年　2月　2日

上野労働基準監督署長　殿

郵便番号146-0000　電話番号××××番　●●●●局

請求人の住所　東京都大田区■■0-0-0
氏名　上野保　毎江　㊞

振込を希望する金融機関の名称		預金の種類及び口座番号
なし　(銀行)・金庫　農協・漁協・信組	大田　本店・本所　出張所　(支店)・支所	(普通)・当座　第1111111号　口座名義人　上野保　毎江

コラム【労災保険と健康保険】第三者行為災害

　事故にあい、労災保険や健康保険の申請をする際に「第三者行為災害」という言葉を聞くことがあります。これは、事故を起こした際に、第三者が関与している場合の事故をいいます。よくあるのは、交通事故です。

　自動車に乗って赤信号で停止をしていたら、後方から別の車が追突をしてきたとか、歩道を歩いていたら、自動車が信号無視をして自分の方に向かってきてぶつかったという場合が、まさにこの第三者行為災害なります。

　第三者行為災害の場合は、労災保険でも健康保険でも、第三者行為災害に関する傷病届が必要になります。

〈労災保険の場合〉

　給付に関係する申請書と同時に「第三者行為災害届」を所轄労働基準監督署に提出しましょう。

【労災保険　第三者行為災害届の添付書類】

添付書類名	交通事故による災害	交通事故以外による災害	備考
「交通事故証明書」又は「交通事故発生届」	○	—	自動車安全運転センターの証明がもらえない場合は「交通事故発生届」
念書(兼同意書)	○	○	
示談書の謄本	○	○	示談が行われた場合(写しでも可)
自賠責保険等の損害賠償金等支払い証明書又は保険金支払通知書	○	—	仮渡金又は賠償金を受けている場合(写しでも可)
死体検案書又は死亡診断書	○	○	死亡の場合(写しでも可)
戸籍謄本	○	○	死亡の場合(写しでも可)

【記入例 第三者行為災害届と念書】

(届その1)

第三者行為災害（(業務災害) 通勤災害）
（(交通事故) 交通事故以外）

平成 28 年 6 月 10 日

労働者災害補償保険法施行規則第22条の規定により届けます。

保険給付請求権者
住所　千葉県市川市市川●ー□ー×
フリガナ　フナバシタツタ　郵便番号（272-0034）
氏名　船橋竜太　㊞船橋
電話（047-×××-△△△△）

署受付日付

中央　労働基準監督署長 殿

1 第一当事者（被災者）
フリガナ　フナバシタツタ
氏名　船橋竜太　（(男)・女）
生年月日　昭和40年5月7日（51歳）
住所　千葉県市川市市川●ー□ー×
職種　営業課長

2 第一当事者（被災者）の所属事業場
労働保険番号：

府県	所掌	管轄	基幹番号	枝番号
13	1	01	888888	000

名称　株式会社保毎サービス
所在地　千代田区岩本町1-4-7
郵便番号 101-0032　電話 03-3865-9999
代表者（役職）代表取締役
（氏名）保毎 太郎
担当者（所属部課名）総務部総務課
（氏名）鈴木 清夫

3 災害発生
日時　平成28年6月8日
(午前)・午後　11時15分頃
場所　東京都文京区●●×ー×ー1 国道▲号線
　　　●●×丁目交差点付近

4 第二当事者（相手方）
氏名　佐倉レオ　（24歳）
住所　東京都品川区□□○ー○ー○
郵便番号 140-0000　電話 03-●●□□-××▲▲
第二当事者（相手方）が業務中であった場合
所属事業場名称　株式会社ユウワ工業
所在地　東京都豊島区東池袋△ー△ー△
郵便番号 170-0013　電話 03-3800-■×■×
代表者（役職）代表取締役
（氏名）友和 友田

5 災害調査を行った警察署又は派出所の名称
富坂　警察署　交通　係（派出所）

6 災害発生の事実の現認者（5の災害調査を行った警察署又は派出所がない場合に記入してください）
氏名
住所
郵便番号　ー　電話　ー　ー

7 あなたの運転していた車両（あなたが運転者の場合にのみ記入してください）

車種	大・中・(普)・特・自二・軽自・原付自	登録番号（車両番号）	品川77 あ 0000

運転者の免許	(有)無	免許の種類	免許証番号	資格取得	有効期限	免許の条件
		普通	98765000000	60年5月30日	30年5月7日まで	

(届その2)

8 事故現場の状況
　天　候　　晴・(曇)・小雨・雨・小雪・雪・暴風雨・霧・濃霧
　見透し　　(良い)・悪い（障害物　　　　　　　　　　　　　　　　　　　　　　　　　　）があった。）
　道路の状況　（あなた（被災者）が運転者であった場合に記入してください。）
　　　　　　　道路の幅（　　　　m）、(舗装)・非舗装、坂（上り・下り・緩・急）
　　　　　　　でこぼこ・砂利道・道路欠損・工事中・凍結・その他（　　　　　　　　　　　）
　　　　　　（あなた（被災者）が歩行者であった場合に記入してください。）
　　　　　　　歩車道の区別が（ある・ない）道路、車の交通頻繁な道路、住宅地・商店街の道路
　　　　　　　歩行者用道路（車の通行　許・否）、その他の道路
　標　識　　速度制限（　40　km/h）・(追い越し禁止)・一方通行・歩行者横断禁止（有・無）
　　　　　　一時停止（有・無）・停止線（有・無）
　信号機　　無・(有)（　　　色で交差点に入った。）、信号機時間外（黄点滅・赤点滅）
　　　　　　横断歩道上の信号機（有・無）
　交通量　　多い・少ない・(中位)

9 事故当時の行為、心身の状況及び車両の状況
　心身の状況　(正常)・いねむり・疲労・わき見・病気（　　　　　　　　　　　　　　　）・飲酒
　あなたの行為　（あなた（被災者）が運転者であった場合に記入してください。）
　　　　　　直前に警笛を（鳴らした・(鳴らさない)）、相手を発見したのは（　　　　　）m手前
　　　　　　ブレーキを（かけた（スリップ　　　m）・かけない）、方向指示灯（だした・(ださない)）
　　　　　　停止線で一時停止（した・しない）、速度は約（　　）km/h　相手は約（　　）km/h
　　　　　　（あなた（被災者）が歩行者であった場合に記入してください。）
　　　　　　横断中の場合　横断場所（　　　　　　　）、信号機（　　　　）色で横断歩道に入った。
　　　　　　　　　　　　　左右の安全確認（した・しない）、車の直前・直後を横断（した・しない）
　　　　　　通行中の場合　通行場所　　（歩道・車道・歩車道の区別がない道路）
　　　　　　　　　　　　　通行のしかた　（車と同方向・対面方向）

10 第二当事者（相手方）の自賠責保険（共済）及び任意の対人賠償保険（共済）に関すること
　(1) 自賠責保険（共済）について　　　　　　　　(2) 任意の対人賠償保険（共済）について
　証明書番号 第　X-99999　　号　　　　　　　　証券番号 第　　　　　　　　号
　保険（共済）契約者
　　　　　（氏名）株式会社ユウワ工業　　　　　　保険（共済）契約者
　　　　　（住所）東京都豊島区東池袋△-△-△　　　　　　　（氏名）
　　　　　　　　　　　　　　　　　　　　　　　　　　　　（住所）

　　　　　　　　　　　　　　　　　　　　　　　保険金額　対人　　　　万円
　第二当事者（相手方）と契約者との関係　　　　　第二当事者（相手方）と契約者との関係
　保険会社の管轄店名　●●火災海上株式会社八重洲支店　　保険会社の管轄店名
　管轄店所在地　東京都中央区八重洲□-□-□　　　　管轄店所在地
　郵便
　番号 103-0028　電話　03 - ×××× - ○○○○　　　郵便番号　　－　　　電話　　－　　　－
　(3) 保険金（損害賠償額）請求の有無　有・(無)　11 運行供用者が第二当事者（相手方）以外の場合の運行供用者
　　有の場合の　イ 自賠責保険（共済）単独　　　名称（氏名）株式会社ユウワ工業
　　請求方法　　ロ 自賠責保険（共済）と任意の対人賠償　所在地（住所）東京都豊島区東池袋△-△-△
　　　　　　　　　保険（共済）との一括　　　　　郵便
　保険金（損害賠償額）の支払を受けている場合は、受　番号 170-0013　電話　03 - 3800 - ■×■×
　けた者の氏名、金額及びその年月日　　　　　　　運行供用者が法人である場合の代表者
　　氏名　　　　　　　　　　　　　　　　　　　　氏名　友和 友田
　　金額　　　　　　　　　　　　　円　　　　　　役職　代表取締役
　　受領年月日　　　年　　月　　日

12 あなた（被災者）の人身傷害補償保険に関すること
　人身傷害補償保険に　（加入している・(していない)）　保険会社の管轄店名
　　　　　　　　　　　　　　　　　　　　　　　　管轄店所在地
　証券番号 第　　　　　　　　号
　保険（共済）契約者　　　　　　　　　　　　　　郵便
　　　　　（氏名）　　　　　　　　　　　　　　　番号　　－　　　電話　　－　　　－
　　　　　（住所）　　　　　　　　　　　　　　　人身傷害補償保険金の請求の有無　　有・無
　　　　　　　　　　　　　　　　　　　　　　　　人身傷害補償保険金の支払を受けている場合は、受
　　　　　　　　　　　　　　　　　　　　　　　　けた者の氏名、金額及びその年月日
　保険金額　　　　　万円　　　　　　　　　　　　　氏名
　あなた（被災者）と契約者との関係　　　　　　　　金額　　　　　　　　　　円
　　　　　　　　　　　　　　　　　　　　　　　　受領年月日　　　年　　月　　日

(届その3)

13 災害発生状況
第一当事者（被災者）・第二当事者（相手方）の行動、災害発生原因と状況をわかりやすく記入してください。

会社（千代田区岩本町）から客先（千葉県市川市）に向かう途中、午前11時15分頃、国道▲号線●●×丁目交差点にて信号が赤のため停止し信号待ちをしていました。後方より加害者の運転する車が追突してきました。

14 現場見取図
道路方向の地名（至○○方面）、道路幅、信号、横断歩道、区画線、道路標識、接触点等くわしく記入してください。

届その4に記載

表示符号
自　車　🏠　　横断禁止　⊠　　信　号 ●（赤、黄、青の表示）　　横断歩道 ▭
相手車　🏠　　人　間　　　　　　一時停止 ▽　　接触点 ×
進行方向 ↑　　自転車 オートバイ

15 過失割合
私の過失割合は　　　　0 ％、
相手の過失割合は　　100 ％だと思います。
理由　停止信号（赤信号）により停止中のところに加害者が追突したものであり、私には過失はありません。

16 示談について
イ　示談が成立した。（　　年　　月　　日）
ロ　交渉中
ハ　示談はしない。
ニ　示談をする予定（　　年　　月　　日頃予定）
ホ　裁判の見込み（　　年　　月　　日頃提訴予定）

17 身体損傷及び診療機関

	私（被災者）側	相手側（わかっていることだけ記入してください。）
部位・傷病名	頚椎捻挫、頭部・胸部打撲	身体損傷なし
程度	全治3ヶ月（入院加療4日間）	
診療機関名称	医療法人●●病院	
所在地	東京都文京区■■9-9	

18 損害賠償金の受領

受領年月日	支払者	金額・品名	名目	受領年月日	支払者	金額・品名	名目

事業主の証明
1欄の者については、2欄から6欄、13欄及び14欄に記載したとおりであることを証明します。

平成 28 年 6 月 13 日

事業場の名称　株式会社保毎サービス
事業主の氏名　代表取締役 保毎太郎　㊞
（法人の場合は代表者の役職・氏名）

通勤災害の場合は事業主の証明は不要です

(届その４)

第三者行為災害届を記載するに当たっての注意事項

1 災害発生後、すみやかに提出してください。
　なお、不明な事項がある場合には、空欄とし、提出時に申し出てください。
2 業務災害・通勤災害及び交通事故・交通事故以外のいずれか該当するものに○をしてください。
　なお、例えば構内における移動式クレーンによる事故のような場合は交通事故に含まれます。
3 通勤災害の場合には、事業主の証明は必要ありません。
4 第一当事者（被災者）とは、労災保険給付を受ける原因となった業務災害又は通勤災害を被った者をいいます。
5 災害発生の場所は、○○町○丁目○○番地○○ストア前歩道のように具体的に記入してください。
6 第二当事者（相手方）が業務中であった場合には、「届その１」の４欄に記入してください。
7 第二当事者（相手方）側と示談を行う場合には、あらかじめ所轄労働基準監督署に必ず御相談ください。
　示談の内容によっては、保険給付を受けられない場合があります。
8 交通事故以外の災害の場合には「届その２」を提出する必要はありません。
9 運行供用者とは、自己のために自動車の運行をさせる者をいいますが、一般的には自動車の所有者及び使用者等がこれに当たります。
10 「現場見取図」について、作業場における事故等で欄が不足し書ききれない場合にはこの用紙の下記記載欄を使用し、この「届その４」もあわせて提出してください。
　なお、「届その３」の14欄に記載した場合には「届その４」の提出は不要です。
11 損害賠償金を受領した場合には、第二当事者（相手方）又は保険会社等からを問わずすべて記入してください。
12 この届用紙に書ききれない場合には、適宜別紙に記載してあわせて提出してください。
13 この用紙は感圧紙（２部複写）になっていますので、２部とも提出してください。
　なお、この上でメモ等をしますと下に写りますので注意してください。
14 「保険給付請求権者の氏名」の欄及び「事業主の氏名」の欄は、記名押印することに代えて、自筆による署名をすることができます。

現 場 見 取 図

様式第1号

念　書（兼　同　意　書）

災害発生年月日	平成28年 6月 8日	災害発生場所	東京都文京区●●×-×-1 国道▲号線●●×丁目交差点付近
第一当事者(被災者)氏名	船橋竜太	第二当事者(相手方)氏名	佐倉レオ

1　上記災害に関して、労災保険給付を請求するに当たり以下の事項を尊守することを誓約します。
　(1)　相手方と示談を行おうとする場合は必ず前もって貴職に連絡します。
　(2)　相手方に白紙委任状を渡しません。
　(3)　相手方から金品を受けたときは、受領の年月日、内容、金額（評価額）を漏れなく、かつ遅滞なく貴職に連絡します。

2　上記災害に関して、私が相手方と行った示談の内容によっては、労災保険給付を受けられない場合があることについては承知しました。

3　上記災害に関して、私が労災保険給付を受けた場合には、私の有する損害賠償請求権及び保険会社等（相手方もしくは私が損害賠償請求できる者が加入する自動車保険・自賠責保険会社（共済）等をいう。以下同じ。）に対する被害者請求権を、政府が労災保険給付の価額の限度で取得し、損害賠償金を受領することについては承知しました。

4　上記災害に関して、私の個人情報及びこの念書（兼同意書）の取扱いにつき、以下の事項に同意します。
　(1)　貴職が、私の労災保険の請求、決定及び給付（その見込みを含む。）の状況等について、私が保険金請求権を有する人身傷害補償保険等取扱保険会社（共済）に対して提供すること。
　(2)　貴職が、私の労災保険の給付及び上記3の業務に関して必要な事項（保険会社等から受けた金品の有無及びその金額・内訳（その見込みを含む。）等）について、保険会社等から提供を受けること。
　(3)　貴職が、私の労災保険の給付及び上記3の業務に関して必要な事項（保険給付額の算出基礎となる資料等）について、保険会社等に対して提供すること。
　(4)　この念書（兼同意書）をもって(2)に掲げる事項に対応する保険会社等への同意を含むこと。
　(5)　この念書（兼同意書）を保険会社等へ提示すること。

　　　　　　　　　　　　　　　　　　　　　　　　　　　　平成28年　6月13日

　　　中央　労働基準監督署長　殿

　　　　　　　　　　　　　　　請求権者の住所　　千葉県市川市市川●-□-×
　　　　　　　　　　　　　　　　　　　氏名　　　船橋竜太　㊞
　　　　　　　　　　　　　　　　　　（※請求権者の氏名は請求権者が自署してください。）

〈健康保険の場合〉

給付に関係する申請書と同時に「交通事故、自損事故、第三者（他人）等の行為による傷病（事故）届」を「協会けんぽ」に提出しましょう。

【健康保険　第三者行為災害届の添付書類】

添付書類名	交通事故による災害	交通事故以外による災害	備考
「交通事故証明書」又は「交通事故発生届」	○	―	自動車安全運転センターの証明がもらえない場合は「交通事故発生届」。「物件事故」の場合は、「人身事故証明書入手不能理由書」も添付
負傷原因報告書	○	○	
事故発生状況報告書	○	○	
念書	○	○	
示談書の謄本	○	○	示談が行われた場合(写しでも可)
「損害賠償金納付確約書・念書」又は「損害賠償金納付確約書」	○	○	相手側（加害者）に記入する書類。事故等の状況によって、署名を拒否される場合は、余白に記入できない理由を記載。
自賠責保険等の損害賠償金等支払い証明書又は保険金支払通知書	○	―	仮渡金又は賠償金を受けている場合(写しでも可)
同意書	○	○	

【記入例　交通事故、自損事故、第三者（他人）等の行為による傷病（事故）届】

負 傷 原 因 報 告 書

被保険者記号番号	1234967941	被保険者氏名	山口 浩太
事業所名	㈱保毎プログラミング	所 在 地	東京都千代田区△△9-9
職　種	事務	就業時間	午前9時00分から午後6時00分まで
被扶養者が負傷したとき	氏名	被保険者との続柄	

負傷の原因（詳細に記述すること）

○ いつ　平成 28年 6月 18日（土曜）　(午後) 2時 00分頃

○ その日は　勤務日　(公休日)　会社の休日　私用で休み

○ どこで 場所）
　　船橋市◯◯ ●-●-●

○ なにをしているときですか　※具体的にご記入ください。
　　(なにをしに行くときですか)
　　買い物へ向かう途中で歩道を歩行中

○ パート・バイト中の場合　※被扶養者が勤務しているときはご記入ください。
　　勤務先名称
　　勤務先住所　　　　　　　　　　　（TEL　-　-　）

○ 出勤又は退社して帰宅中の負傷の場合は、会社から帰宅までを裏面に図示し通勤経路及び負傷場所を記入してください。

○ 次の欄は該当するものの番号を◯印で囲んでください。
　1. 職務中に生じた　2. パート・バイト中に生じた　③ 私用中に生じた
　4. 事業所内で生じた　5. 事業所内で休憩中に生じた　6. 出勤の途中
　7. 退社して帰宅中　8. 自宅において　9. 会社主催の体育祭等において

○ 他人の行為によって負傷させられたときは、その相手の
　住　所　千葉県八千代市●● 1-1-1
　氏　名　広島 鴨之助　（TEL 047-000-0000）

上記のとおり相違ありません
　平成 28年 6月22日
　　被保険者の住所　千葉県船橋市▲▲ 8-9-0
　　　氏名　山口 浩太　㊞

事故発生状況報告書

事故証明書番号	第 0001 号	当事者	甲(相手・第三者)	氏名 広島 鴨之助　電話 047-000-0000
自動車の番号	習志野 00 あ 0000		乙(受診者)	氏名 山口 浩太　電話 047-■■■-■■■　運転・同乗・(歩行)・その他

天候	晴・(曇)・雨・雪・霧	交通状況	混雑・(普通)・閑散	明暗	昼間・夜間・明け方・夕方
道路状況	舗装 (してある)/してない ・ 歩道 (両)・片 ・ (ある)・ない ・ (直線)・カーブ　(平坦)・坂 ・ 見通し (良い)/悪い ・ 積雪路 ・ 凍結路				
信号又は標識	信号 (ある)/ない　自車側信号(青・赤・　)　相手側信号(青・赤・　)　駐停車禁止 (されている)/されていない　その他の標識				
速度	甲車両 60 km/h 制限速度 40 km/h・乙車両　　km/h(制限速度　　km/h)				

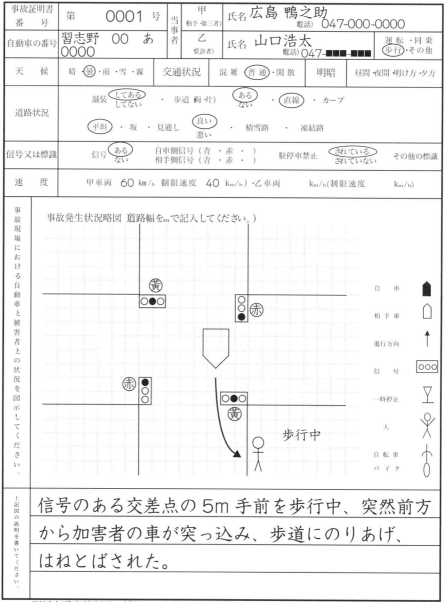

上記図の説明：
信号のある交差点の5m手前を歩行中、突然前方から加害者の車が突っ込み、歩道にのりあげ、はねとばされた。

別紙交通事故証明に補足して上記のとおりご報告申し上げます。

平成28年 6月22日

報告者　甲との関係（　）　乙との関係（本人）　氏名 山口 浩太 ㊞

念　　　書

平成 28 年　6 月　18 日 (相手方氏名) 広島 鴨之助 の行為により (受診者氏名) 山口浩太 の被った保険事故について、健康保険法による保険給付を受けた場合は、私が加害者に対して有する損害賠償請求権を健康保険法第57条第1項の規定によって全国健康保険協会 東京 支部が保険給付の価額の限度において取得行使し、賠償金を受領されることに異議のないことを、ここに書面をもって申し立てます。

あわせて、次の事項を守ることを誓約します。

1. 加害者と示談を行おうとする場合は必ず事前にその内容を申し出ること。

2. 加害者に白紙委任状を渡さないこと。

3. 加害者から金品を受けたときは、受領日、内容、金額をもれなく、すみやかに届出ること。

平成 28 年　6 月　22 日

被保険者

住　所　千葉県船橋市▲▲8-9-0

氏　名　山口浩太　

全国健康保険協会 東京 支部長　殿

損害賠償金納付確約書・念書

平成28年 6月 18日 (受診者氏名) 山口浩太 に傷害を負わせましたが、この傷害に係る損害賠償請求権を保険給付価格の限度において、全国健康保険協会 東京 支部が代位取得し、全国健康保険協会 東京 支部から損害賠償金（保険給付）の請求を受けたときは、私の過失割合の範囲において納付することを確約しますので、保険給付してください。

また、自動車賠償責任保険から支払われる損害賠償金額が不足した場合で、全国健康保険協会 東京 支部が私に請求したときは、損害賠償に応じることをあわせて確約します。

平成 28 年 6 月 22 日

損害賠償支払義務者（未成年の場合は親権者）

住　所　千葉県八千代市●●1－1－1

氏　名　広島 鴨之助　㊞
　　　　TEL（047-000-0000）

全国健康保険協会 東京 支部長　殿

【本件についてのご意見】　※ご意見があればご記入ください。

同　意　書

　私が自動車事故で被った傷病により受けた健康保険法による保険給付は、健康保険法第５７条の規定により、全国健康保険協会 東京 支部が保険給付の価額の限度において、私が加害者に対して有する賠償請求権を取得することになります。

　つきましては、全国健康保険協会 東京 支部が損害賠償額の支払の請求を加害者の加入する損害保険会社等に行う際、請求書一式に当該保険給付に係る診療報酬明細書の写しを添付することに同意します。

　なお、私が損害保険会社へ自動車損害賠償責任保険への請求をし、保険金等を受領したときは、全国健康保険協会 東京 支部は受領金額並びにその内訳等の各種情報について照会を行い、損害保険会社からその照会内容について情報提供を受けることに同意します。

平成 28 年　6 月　22 日

　　　同意者　　　（自賠責保険請求者）

　　　　　　住　所　千葉県船橋市▲▲８－９－０

　　　　　　氏　名　山口浩太　

　　　　　　　自賠責証明書番号（ 999912345-000 ）

全国健康保険協会 東京 支部長　殿

【記入例　人身事故証明入手不能理由書】

（表面）

人身事故証明書入手不能理由書

■ 人身事故扱いの交通事故証明書が入手できなかった理由をお教えください。
（人身事故扱いの交通事故証明書が添付されていても、被害者の方のお名前がない場合は、記入してください。）

理　由 ※該当する項目に○印をしてください。※複数に該当する場合は、すべてに○印をしてください。	○受傷が軽微で、検査通院のみ（予定を含む）であったため ○受傷が軽微で、短期間で治療を終了した（もしくは終了予定の）ため ○公道以外の場所（駐車場、私有地など）で発生した事故のため ○事故当事者の事情（理由を具体的に記載してください。） 【理由】 ○その他（理由を具体的に記載してください。） 【理由】

◆ 警察へ、事故発生の届出を行っている場合には、以下に記載してください。

届出警察	船橋	警察	○○（判明している場合）	担当官	届出年月日	H.28 年　6 月　20 日

裏面へ・　交通事故証明書が発行されていない場合、または発行されている交通事故証明書にお名前がない場合に限り、裏面の事故当事者、発行日時、発生場所等を記入してください。

■ 人身事故の事実を確認するため、関係者の記名・押印をお願いします。

◆ 上記理由により人身事故証明書を取得していませんが、人身事故の事実に相違ありません。

○当事者 ○目撃者 ○その他（　　） ※該当する項目に○印をしてください	住　所　〒276-0000　　　　　　　　記入日 H.28年　6月　25日 　　　　千葉県八千代市●● 1-1-1 氏　名　広島　鴨之助　　　　　　　㊞（広島） 電　話　047（□□□）□□□□

（注）当欄は、賠償を求める側が、直接、自賠責保険に請求（法第16条請求）する場合には、保険契約者側（契約者、運転者など）の方、または目撃者の方がご記入ください。賠償をした側が請求（法第15条請求）する場合には、賠償を受けた側の方、または目撃者の方がご記入ください。

（保険会社使用欄）　　該当する□のすべてに✓する　　　9999 12345-000　責任者　担当者

□人身事故としての警察への届出の必要性について、説明しました。
□請求関係書類の確認により、または以下の調査・確認により、人身事故の事実に
　相違ないことを確認しました。

◆確認日	◆確認先	◆確認方法
年　月　日	□病院　□目撃者　□運転者　□被害者　□修理工場　□その他（　　）	□電話　□文書　□面談
年　月　日	□病院　□目撃者　□運転者　□被害者　□修理工場　□その他（　　）	□電話　□文書　□面談
年　月　日	□病院　□目撃者　□運転者　□被害者　□修理工場　□その他（　　）	□電話　□文書　□面談

◆その他・特記事項〔　　　　　　　　　　　　　　　　　　　　　　　　　　　〕

【事案情報】　被害者名　　　　　　　　　　　　　事故日：平成　　年　　月　　日

第6章
個人のけが、病気編

1. 医療費が高額になりました

医療費の自己負担分が高額になってしまったときの手続きです。

> **手続きのポイント 〈こんなことに注意！〉**
>
> ◎平成26年の改正で、高額な報酬を貰っている人はより多く保険料を負担するようになりました
> ◎自己負担分が高額になることがわかっている場合は、先に申請する制度もあります

（1）医療費は3割負担。しかし、場合によっては負担額が高額になることも

サラリーマンが個人のけがや病気で医療を受ける場合は、健康保険を使います。日本は「国民皆保険」制度を導入していますから、日本国民であれば、全員が一定の負担割合（1割から3割）で、医療を受けることができます。産まれてからずっと日本で暮らしている私たちは、それが当たり前と思いがちですが、この制度は日本が世界に誇る素晴らしい制度です。とはいえ、そもそも元の医療費が高額になれば、たとえ一部負担でも、一般のサラリーマンが負担するのは難しい金額となることもあります。よって、国は「高額療養費」という制度をもうけ、一定額以上の負担をせずに医療を受けられるようにしています。

（2）負担額の上限は所得によって変わります

負担額は、まず月単位で医療費の上限額を確認。この上限額以上に自己負担額が大きくなる場合は、それを超えた分が戻ってきます。次に1年間の医療費を考えます。1年間の中で高額療養費として払い戻しを受けた月数が3回以上あった場合、4回目から自己負担額がさらに引き下げられます。図【自己負担額の上限】の多数該当という欄の額が、その引き下げられた金額です。なお、70歳以上75歳未満の高齢受給者の多数該当については、外来（通院）の限度額の適用によって高額療養費を受けた回数は考慮しませんので注意をしてください。

【自己負担額の上限】

●70歳未満

所得区分	自己負担限度額	多数該当
標準報酬月額83万円以上(※)	252,600円+(総医療費−842,000円)×1%	140,100円
標準報酬月額53万〜79万円の方(※)	167,400円+(総医療費−558,000円)×1%	93,000円
標準報酬月額28万〜50万円の方	80,100円+(総医療費−267,000円)×1%	44,400円
標準報酬月額26万円以下の方	57,600円	44,400円
低所得者:被保険者が市区町村民税の非課税者等	35,400円	24,600円

(※)市区町村民税が非課税であっても、標準報酬月額が該当します。

●70歳以上75歳未満

被保険者の所得区分 外来(個人ごと)		自己負担限度額	
		外来(個人ごと)	外来・入院(世帯)
①現役並み所得者 (標準報酬月額28万円以上で高齢受給者証の負担割合が3割の方)		44,400円	80,100円+(医療費-267,000円)×1% [多数該当:44,400円]
②一般所得者(①および③以外の方)		12,000円	44,400円
③低所得者	Ⅱ 被保険者が市区町村民税の非課税者等	8,000円	24,600円
	Ⅰ 被保険者とその扶養家族全ての方の収入から必要経費・控除額を除いた後の所得がない場合		15,000円

提出書類　：健康保険　被保険者／被扶養者／世帯合算　高額医療費　支給申請書［様式番号なし］

提出先　　：全国健康保険協会もしくは健康保険組合［様式は健康保険組合ごとに異なる］

提出期限　：診察月の翌月1日(自己負担分を診察月の翌月以降に支払った場合は、支払った日の翌日)から2年以内

添付書類 :

ケガ(負傷)の場合	負傷原因届
第三者による傷病の場合	第三者行為による傷病届
事故負担限度額の所得区分が低所得者に該当する者	●低所得者の添付書類

所得区分	添付書類
低所得者	被保険者の住民税(非)課税証明書
低所得者Ⅱ	
低所得者Ⅰ	被保険者および被扶養者全員の所得がわかる書類(所得証明書など)

※4月から7月診療分については前年度の証明が、8月から翌年3月診療分については当年度の証明が必要になります。

(例)平成26年8月診療分～平成27年7月診療分＝平成26年度(平成25年度中の収入)の証明書

低所得者の適用を受けることによって生活保護を必要としなくなる者	「限度額適用・標準負担額減額認定該当」と記載された「保護却下通知」もしくは「保護廃止決定通知書」
公的制度から医療費の助成を受け、窓口負担が軽減されている者	助成を受けた診療について医療機関が発行した領収書
被保険者が死亡し、相続人が請求する場合	被保険者との続柄がわかる「戸籍謄本」等

様式入手元：所轄年近事務所窓口または全国健康保険協会Webサイト

健康保険組合［様式は、健康保険組合独自の様式がある］

【記入例　高額療養費支給申請書①】

健康保険 被保険者 被扶養者 世帯合算 高額療養費 支給申請書
※支給決定まで、診療月後3か月以上かかります。

1／2 ページ　被保険者（申請者）記入用

記入方法および添付書類等については、「健康保険 被保険者 被扶養者 世帯合算 高額療養費 支給申請書 記入の手引き」をご確認ください。
届書（申請書）は、楷書で枠内に丁寧にご記入ください。　記入見本　0 1 2 3 4 5 6 7 8 9 ア イ ウ

被保険者（申請者）情報

- 被保険者証の（左づめ）
  - 記号：12345678
  - 番号：10
- 生年月日：☑昭和 □平成　58 03 08
- 氏名・印：（フリガナ）カナガワ タヤ　神奈川 太也　㊞神奈川　※自署の場合は押印を省略できます。
- 住所：〒105-0000　東京（都）港区××　1-10-50
- 電話番号（日中の連絡先）：TEL 03（0000）0001

振込先指定口座

- 金融機関名称：かき　（銀行）／金庫／信組／農協／漁協／その他（　）　港　（支店）／本店／出張所／本所／支所
- 預金種別：1　（1.普通　2.当座　3.別段　4.通知）
- 口座番号：3333333　左づめでご記入ください。
- 口座名義：カナガ゛ワ　タヤ
- 口座名義の区分：1　（1.申請者　2.代理人）

「2」の場合は必ず記入・押印ください。（押印省略不可）

受取代理人の欄

本申請に基づく給付金に関する受領を下記の代理人に委任します。　平成　年　月　日

- 被保険者（申請者）氏名・印　㊞　住所「被保険者（申請者）情報」の住所と同じ
- 代理人（口座名義人）　住所（〒　－　）TEL（　）　（フリガナ）氏名・印　㊞
- 委任者と代理人との関係

「申請者記入用」は2ページに続きます。》》

社会保険労務士の提出代行者名記載欄　㊞

受付日付印　(26.7)

様式番号：641111

協会使用欄

全国健康保険協会　協会けんぽ

1／2

1．医療費が高額になりました　211

【記入例　高額療養費支給申請書②】

健康保険 被保険者・被扶養者・世帯合算 高額療養費 支給申請書
※支給決定まで、診療月後3か月以上かかります。
2ページ　被保険者（申請者）記入用

被保険者氏名：神奈川 太也

申請内容

① 診療月：平成 28 年 4 月
左記の診療月について、受診者ごと（医療機関、薬局、入院・通院別等）にご記入ください。

② 受診者

項目	受診者1	受診者2	受診者3
区分	1.被保険者 / 2.家族（被扶養者）→ 1	1.被保険者 / 2.家族（被扶養者）→ 2	
氏名		神奈川 裕子	
生年月日		昭和 61 07 10	
③ 医療機関・薬局の名称	△△病院	○○医大病院	
所在地	東京都港区△△10-18-1	東京都中央区○○5-6-7	
④ 傷病名	気管支炎	右大腿骨骨折	
療養を受けた期間	(平成) 280401 から 16 まで	(平成) 280405 から 29 まで	
入院通院の別	2（通院・その他）	1（入院）	
⑤ 支払った額のうち、保険診療分の金額（自己負担額）	22,000 円		
自己負担額が不明の場合は支払った総額		189,000 円	
⑥ 他の公的制度から、医療費の助成を受けていますか	2（いいえ）	2（いいえ）	
助成を受けた制度の名称			
自己負担分の助成の内容			

※一部自己負担ありの場合、領収書の添付が必要になります。

①の診療月以前1年間に、高額療養費に該当する月が3か月以上ある場合、直近3か月分の診療月をご記入ください。

⑦ 診療月：1 平成　年　月　　2 平成　年　月　　3 平成　年　月

被保険者本人が市区町村民税非課税者の場合は、この欄に市区町村長より証明を受けるか、「（非）課税証明書」の交付を受け原本を添付してください。
（4月から7月診療分については、前年度の課税に関する証明を、8月から翌年3月診療分については当年度の課税に関する証明を受けてください。）

市区町村長が証明する欄：当該被保険者は平成　　年度の市区町村民税が課されないことを証明する。　市区町村長名　　印

様式番号：6 4 1 2 1 0

全国健康保険協会　協会けんぽ

（3） 負担をする前にあらかじめ申請をすることもできます

　自己負担額について、あらかじめ上限額を超えることが分かっている場合は、事前に申請をすれば、上限額以上の医療費を支払わなくてすみます。この手続きを「限度額適用認定申請」といいます。この申請を行うと、「限度額適用認定証」が公布され、治療を受ける時認定証を病院に提示をすると、限度額以上の自己負担をする必要がなくなります。つまり、上限額を超えた自己負担分は、病院と保険者（保険の運営主体者）とのやりとりによって、支払われるというわけです。入院などをすることが決まっている場合、1カ月の限度額を超える可能性が高くなります。よって、最初からこのような手続きをしておくと被保険者の持ち出しが少なく助かります。

届出書類　：健康保険限度額適用認定申請書
提出先　　：全国健康保険協会もしくは、健康保険組合
提出期限　：限度額をこえる医療を受ける月より前
添付書類　：療養する人の保険証のコピー、次表の場合にそれぞれの書類が必要です。

第三者行為災害	第三者行為による傷病届
けがの場合	負傷原因届
公的制度から医療費の助成を受け、窓口負担が軽減されている場合	助成を受けた診療についての、医療機関からの領収書
被保険者が死亡し、相続人が請求する場合	被保険者との続柄がわかる「戸籍謄本」等

様式入手元：所轄年金事務所窓口および全国健康保険協会Webサイト
　　　　　　健康保険組合［様式は、健康保険組合独自の様式があります。］

〈こんなことも知っておくと便利〉

高額療養費には世帯で自己負担額を合算して申請する制度もあります。
合算の対象は、同じ医療保険制度に加入している被保険者と被扶養者です。複数の医療機関で受診した場合や、同じ医療機関でも入院と外来（通院）で受診した場合も合算できます。その合算した額が自己負担限度額を超えた場合は、超えた額が払い戻されるというシステムです。
　合算できる自己負担額は、70歳未満の方は2万1000円以上の負担分ですが、70歳以上では自己負担額をすべて合算できます。

【記入例　限度額適用認定申請書】

健康保険 限度額適用認定 申請書

70歳未満の上位所得者・一般所得者用

被保険者（申請者）記入用

記入方法および添付書類等については、「健康保険 限度額適用認定 申請書 記入の手引き」をご確認ください。
届書（申請書）は、楷書で枠内に丁寧にご記入ください。　記入見本 `0123456789アイウ`

被保険者情報

- 被保険者証の（左づめ）　記号：`12345678`　番号：`10`
- 生年月日：☑昭和　`58 03 08`
- 氏名・印：（フリガナ）カナガワ タヤ　神奈川 太也　（印：神奈川）
  - 自署の場合は押印を省略できます。
- 住所：〒105-0000　東京（都）港区××　1-10-50
- 電話番号（日中の連絡先）：TEL 03（0000）0001

認定対象者欄（療養を受ける方）

※被保険者の場合は記入の必要がありません。

- 氏名：神奈川 裕子
- 生年月日：☑昭和　61年 7月 10日
- 療養予定期間：平成 28年 4月 ～ 平成 28年 12月
  - 記載が無い場合、原則受付した月の1日から1年間有効となります。

送付希望先

上記被保険者情報に記入した住所と別のところに送付を希望する場合にご記入ください。

- 住所：〒　-
- 電話番号（日中の連絡先）：TEL　（　）
- 宛名：

※入院等により、認定証の受け取りができない場合などに記入する

申請代行者欄

「申請代行者欄」は、被保険者および療養を受ける方以外の方が申請する場合にご記入ください。

- 氏名・印：　　　　　　　印
- 電話番号（日中の連絡先）：TEL　（　）
- 被保険者との関係：
- 申請代行の理由：□被保険者本人が入院中で外出できないため。　□その他（　　　　　　）

※限度額適用認定証の送付先または、申請書を返戻する場合の送付先は、被保険者住所または送付を希望する住所となりますので十分ご注意ください。

上記のとおり健康保険限度額適用認定証の交付を申請します。　平成 28年 3月 20日

社会保険労務士の提出代行者名記載欄　　　印

受付日付印　(26.7)

様式番号：`230117`

協会使用欄

全国健康保険協会　協会けんぽ

1/1

2. 従業員がしばらく休むことになりました

従業員が私傷病でしばらく会社を休むことになったときの手続きです。

手続きのポイント〈こんなことに注意！〉

◎事業主の証明と医師の証明の2つが必要です
◎労務不能状態がキーワード。所定休日でも労務不能なら傷病手当金の請求はできます

（1）従業員が私傷病で働けなくなりました。もちろん給料は出せません。そんなときに役立つ手当です。

　従業員が休暇中に趣味のスノーボードで骨折、あるいは、交通事故に遭い、事故後の遺症でしばらく会社を休まざるを得ないということも起こり得ます。そんなとき、給料は出るのでしょうか？『ノーワークノーペイ』の原則で、働かなければ給料は支給されません。もちろん会社によっては、手厚い保障があり、私傷病でも1年ぐらいは給料が全額出るということもあります。しかし、多くの企業で、給料は支給されません。そんな時従業員は、日々の生活費をどう工面するでしょうか？普通は毎月の給料がなくなると、すぐに生活に影響が出ます。そんな場合を想定して健康保険では「傷病手当金」という制度を用意しています。

（2）申請には、会社と医師の証明が必須です。

　傷病手当金を申請するには要件が3つあります。
　①健康保険の被保険者であること（会社を退職すると健康保険被保険者の資格を喪失するので、適用されなくなります）
　②会社（事業主）の証明を貰うこと
　③医師の証明を貰うこと

　一つ目はご理解いただけると思います。そもそもその制度の被保険者でなければ給付は受けられません。二つ目、三つ目については、少々注意を要するところです。つまり、会社から「休んだ」という証明をもらうとともに、医師が「休む必要があった」ということを証明する必要があるのです。

（3）支給される金額と期間は？

　休んだ日について、1日あたり次の計算式によって算出された金額が支給されます。

また、傷病手当金は、会社を連続3日間（待機期間と言います）休んだ後、4日目から1年6カ月まで支給されます。

$$\left[\text{支給開始日}^{(※1)}\text{以前の継続した12ヵ月間}^{(※2)}\text{の各月の標準報酬月額}\right] \div 30 \times \frac{2}{3}$$

（※1）支給開始日とは、最初に傷病手当金が支給された日（休んだ日）です。

（※2）被保険者期間が12ヵ月無い場合は、次の❶または❷のいずれか少ない額で計算されます。

❶ $\left[\text{支給開始日以前の継続した各月の標準報酬月額を平均した額}\right] \div 30 \times \frac{2}{3}$

❷ 28万円$^{(※3)} \div 30 \times \frac{2}{3}$

（※3）この額は、支給開始日の属する年度の前年度の9月30日における全被保険者の標準報酬月額を平均した額です。したがって年度毎に変わる可能性があります。

（4）手続きはいつ行えばよいですか？

傷病手当金の時効は2年です。傷病手当金は、1日ごとに支給される日がカウントされますので、支給対象となる休業した日の翌日を起算日として2年以内の申請してください。

短期間の休業であれば、復帰後まとめて申請すればよいのですが、長期間連続で休業することになった場合、その従業員は無給となり精神的に不安になってしまうこともあります。1カ月に1回申請することにすれば、従業員は毎月給付を受けることができるようになり、経済的な不安感を軽くすることができます。

（5）休職中に退職することになったら

在職中から傷病手当金の支給をうけている従業員が、支給期間上限の1年6ヵ月に達する前に退職し、その後も引き続き傷病手当金を受給する場合、被保険者期間が1年以上で、退職した日に休業し給料が支払われないことが要件です。この要件を満たしていれば、退職後も傷病手当金を受給することができます。手続きは、在職中と変わりありませんが、事業主の印が不要になります。

提出書類　：健康保険傷病手当金支給申請書［様式番号なし］
提出先　　：全国健康保険協会または健康保険組合
提出期限　：私傷病のために労務に服さなかった日ごとにその翌日から起算して2年以内
添付書類　：初回の場合＝休んだ分とその直近1ヵ月間の賃金台帳と出勤簿等
　　　　　　2回目以降＝休んだ分の賃金台帳と出勤簿等
様式入手先：所轄年金事務所窓口または全国健康保険協会Ｗｅｂサイト
　　　　　　健康保険組合［様式は健康保険組合ごとに独自の様式があります］

【記入例　傷病手当金支給申請書①】

【記入例　傷病手当金支給申請書②】

【記入例　傷病手当金支給申請書③】

健康保険 傷病手当金 支給申請書

事業主記入用（3/4）

労務に服することができなかった期間を含む賃金計算期間の勤務状況および賃金支払状況等をご記入ください。

事業主が証明するところ

被保険者氏名：神奈川 太也

勤務状況【出勤は○で、【有給は△】で、【公休は公】で、欠勤は／でそれぞれ表示してください。】

平成28年 6月： 1～15 ×××××公×△△／／／／／／　16～31 ／／／／／／／／／／／／／／／／　計　出勤 9日　有給 0日

上記の期間に対して、賃金を支給しました（します）か？　☑はい　□いいえ

給与の種類：☑月給　□日給　□日給月給　□時間給　□歩合給　□その他

賃金計算：締日 末日　支払日 □当月 ☑翌月 15日

上記の期間を含む賃金計算期間の賃金支給状況をご記入ください。

区分	単価	期間 6月1日～6月30日分 支給額	月日～月日分 支給額	月日～月日分 支給額
基本給		90,000		
通勤手当		16,400		
住居手当				
扶養手当				
手当				
手当				
現物給与				
計		106,400		

賃金計算方法（欠勤控除計算方法等）についてご記入ください。

基本給：欠勤控除あり
220,000÷22日×13日＝130,000

通勤手当：欠勤控除なし
1ヶ月定期代として
16,400円支給

上記のとおり相違ないことを証明します。　平成28年6月22日

事業所所在地：東京都足立区○○14-1-3
事業所名称：株式会社保毎プログラミング
事業主氏名：保毎 十民　㊞
電話：03（△△△△）××××

担当者氏名：保毎 洋子

「初回申請分」には、労務に服することができなかった期間を含む賃金計算期間とその期間前1か月分の出勤簿（タイムカード）と賃金台帳のコピーを添付してください。役員などで、出勤簿および賃金台帳がない場合は、役員報酬を支給しないこととする役員会議事録のコピーを添付してください。

記入例

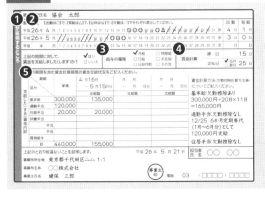

【被保険者の方へ】
① お勤め先の事業所に証明を受けてください。資格喪失日以降の期間に関する申請については、空欄でご提出ください。

【事業主の方へ】
② 労務に服することができなかった期間を含む賃金計算期間（賃金計算の締日の翌日から締日の期間）の勤務状況について、出勤した場合は○で、有給の場合は△で、公休日の場合は公で、欠勤の場合は／で表示してください。
③ 給与の種類について、該当する給与の種類を選んでください。
④ 賃金計算の締日および賃金の支払日をご記入ください。
⑤ 労務に服することができなかった期間を含む賃金計算期間における賃金支給状況についてご記入ください。また、賃金支給状況がわかるよう、賃金計算方法や欠勤控除計算方法等をご記入ください。

※3か月を超えて証明する場合は、当ページをコピーして超えている部分をご記入ください。

様式番号 6 0 1 3 1 3

「療養担当者記入用」は4ページに続きます。

全国健康保険協会
協会けんぽ

2．従業員がしばらく休むことになりました

3. 従業員やその家族が亡くなりました

従業員や被扶養者（家族）が死亡したときの手続きです。

> **手続きのポイント〈こんなことに注意！〉**
> ◎従業員が死亡した場合は、資格喪失の手続きとともに「埋葬料」の手続きができます
> ◎被扶養者（家族）が亡くなった場合でも「家族埋葬料」が請求できます
> ◎「埋葬料」を貰える人がいない場合は「埋葬費」が支給される可能性も

（1）従業員本人やその家族が亡くなった場合には、「埋葬料」が支給されます

　健康保険の被保険者である従業員が亡くなった場合でも、その家族（被扶養者）が亡くなった場合でも、健康保険の保険者（全国健康保険協会もしくは健保組合）からお葬式代の補助として「埋葬料」が支給されます。被保険者が亡くなったときは「埋葬料」が、家族（被扶養者）が亡くなったときは「家族埋葬料」が支給されます。いずれも、手続きが必要になります。

（2）「埋葬料」を支給を受ける人がいない場合、「埋葬費」が支給される可能性があります

　「埋葬料」の支給対象者は、「被保険者に生計を維持されていた人」です。よって、家族や遺産相続人が存在しても、被保険者に生計を維持されていなかった場合には、実際に葬儀を行った者に埋葬費が支給されます。

　健康保険の被保険者である従業員が亡くなった場合は、資格喪失の手続きをするとともに、並行して「埋葬料」の支給申請をしてください。ときどき、どちらの手続きが先ですか？と質問を受けることがありますが、同時進行で行っても問題はありません。

【埋葬料・埋葬費の支給】

給付の種類	死亡した人	支給対象者	支給額
埋葬料	被保険者	被保険者により生計を維持されていた人	5万円
埋葬費（埋葬料の対象者がいない場合に支給）	被保険者	実際に埋葬を行った人	上限5万円で、埋葬に要した費用に相当する額
家族埋葬料	被扶養者	被保険者	5万円

〈こんなことも知っておくと便利〉

被保険者の資格喪失した後でも、埋葬料や埋葬費が支給される可能性があります

　従業員が会社を退職し、被保険者資格を喪失した後であっても、以下の要件に該当する場合は、埋葬料や埋葬費が支給される可能性があります。
・資格喪失後3か月以内に死亡したとき
・被保険者だった人が資格喪失後の傷病手当金または出産手当金の継続給付を受けている間に死亡したとき
・被保険者だった人が資格喪失後の傷病手当金または出産手当金の継続給付を受けなくなってから、3か月以内に死亡したとき

届出書類　：健康保険被保険者家族埋葬料（費）支給申請書
提出先　　：全国健康保険協会もしくは、健康保険組合
添付書類　：

死亡原因が負傷による場合	「負傷原因届」
死亡原因の負傷が第三者の行為による場合	「第三者行為による傷病届」
埋葬料	
被保険者により生計維持されていた被扶養者以外の人が申請する場合	●生計維持を確認できる書類 ・住民票 ・別居している場合は、定期的な仕送りの事実のわかる預貯金通帳や現金書留のコピー等
埋葬費	
実際に埋葬を行った人が申請をする場合	・領収書の原本（支払った人のフルネーム） ・費用の額が記載されているもの） ・埋葬に要した費用の明細書
●事業主の証明を受けられない場合 ●任意継続被保険者（被扶養者）が死亡した場合	・埋葬許可証または火葬許可証のコピー ・死亡診断書、死体検案書または検視調書のコピー ・亡くなった方の戸籍（除籍）謄本（抄本） ・住民票

様式入手元：所轄年金事務所窓口および全国健康保険協会Webサイト
　　　　　　健康保険組合［様式は、健康保険組合独自の様式があります。］

【記入例　埋葬料（費）支給申請書①】

健康保険 被保険者/家族 埋葬料（費）支給申請書

1/2ページ　被保険者（申請者）記入用

記入方法および添付書類等については、「健康保険 被保険者 家族 埋葬料（費）支給申請書 記入の手引き」をご確認ください。
届書（申請書）は、楷書で枠内に丁寧にご記入ください。　記入見本 0123456789アイウ

被保険者（申請者）情報

- 被保険者証の記号（左づめ）：12349679
- 番号：21
- 生年月日：☑昭和 □平成　58年03月08日
- 氏名・印：（フリガナ）トウキョウダ ハナコ　東京田 ハナコ　㊞東田
- 自署の場合は押印を省略できます。
- 住所：〒182-0000　東京都　調布市◆◆7-1-3
- 電話番号（日中の連絡先）：TEL 042(000)××××

振込先指定口座

- 金融機関名称：ゆず　☑銀行　本店
- 調布
- 預金種別：1（1.普通 3.別段 2.当座 4.通知）
- 口座番号：9876543（左づめでご記入ください。）
- 口座名義：トウキョウダ ハナコ
- 口座名義の区分：1（1.申請者 2.代理人）

「2」の場合は必ず記入・押印ください。押印省略不可

受取代理人の欄

本申請に基づく給付金に関する受領を下記の代理人に委任します。　平成　年　月　日

- 被保険者（申請者）氏名・印
- 住所「被保険者（申請者）情報」の住所と同じ
- 代理人（口座名義人）住所（〒　－　）TEL（　）
- （フリガナ）
- 氏名・印

※被保険者が亡くなった場合は、申請書の氏名住所、振込先を記入（この場合でも生年月日は被保険者のものを記入）

「申請者・事業主記入用」は2ページに続きます。》》》

社会保険労務士の提出代行者名記載欄　㊞

様式番号：631112

協会使用欄

受付日付印　(26.9)

全国健康保険協会　協会けんぽ

1/2

222　第6章　個人のけが、病気編

【記入例　埋葬料（費）支給申請書②】

健康保険 被保険者/家族 埋葬料（費）支給申請書

2ページ（被保険者（申請者）・事業主記入用）

被保険者氏名　東京田 郁太郎

申請内容

死亡した方の 死亡年月日	死亡原因	第三者の行為によるものですか
平成 28年 5月 1日	急性心不全	□はい ☑いいえ

「はい」の場合は「第三者の行為による傷病届」を提出してください。

●家族（被扶養者）が死亡したための申請であるとき

ご家族の氏名	生年月日 □昭和 □平成　年　月　日	被保険者との続柄

亡くなられた家族は、退職等により健康保険の資格喪失後に被扶養者の認定を受けた方で、今回の請求は次に該当することによる請求ですか。
① 資格喪失後、3か月以内に亡くなられたとき
② 資格喪失後、傷病手当金や出産手当金を引き続き受給中に亡くなられたとき
③ 資格喪失後、②の受給終了後、3か月以内に亡くなられたとき

1. はい　2. いいえ

「はい」の場合、家族が被扶養者認定前に加入していた健康保険の保険者名と記号・番号をご記入ください。

保険者名
記号・番号

●被保険者が死亡したための申請であるとき

被保険者の氏名	被保険者からみた申請者との身分関係	埋葬した年月日
東京田 郁太郎	妻	平成 28年 5月 3日

埋葬に要した費用の額	法第3条第2項被保険者として支給を受けた時はその金額（調整減額）
円	**埋葬料の場合は記入不要**

亡くなられた方は、退職等により全国健康保険協会管掌健康保険の被保険者資格の喪失後に家族の被扶養者となった方で、今回の請求は次に該当することによる請求ですか。
① 資格喪失後、3か月以内に亡くなられたとき
② 資格喪失後、傷病手当金や出産手当金を引き続き受給中に亡くなられたとき
③ 資格喪失後、②の受給終了後、3か月以内に亡くなられたとき

1. はい　2. いいえ

「はい」の場合、資格喪失後に家族の被扶養者として加入していた健康保険の保険者名と記号・番号をご記入ください。

保険者名
記号・番号

●介護保険法のサービスを受けていたとき

保険者番号	被保険者番号	保険者名称

事業主証明欄

死亡した方の 氏名	被保険者・被扶養者の別	死亡年月日
東京田 郁太郎	被保険者／被扶養者	平成 28年 5月 1日死亡

上記のとおり相違ないことを証明する　平成 28年 5月 10日

事業所所在地　東京都武蔵野市○○ 1-5-6
事業所名称　株式会社保毎
事業主氏名　保毎 九　（代表者印）　TEL 03（△△△△）××××

被扶養者が亡くなった場合●に記入して下さい
被保険者が亡くなった場合◎に記入して下さい

様式番号　6 3 1 2 1 1

事業主に証明を受けてください。証明が受けられない場合、死亡したことのわかる書類の添付が必要です。

全国健康保険協会　協会けんぽ

（2/2）

3．従業員やその家族が亡くなりました

第7章
出産、育児休業、
介護休業編

1。出産、育児休業に関する手続きは、まず"流れ"を押さえましょう

（1）出産、育児休業に関する手続きは、社会保険（厚生年金保険や健康保険）と雇用保険が関係します。

　出産前から育児休業終了までの手続きには、複数の保険が関係します。まず全体の流れを押さえて、手続きの抜け・洩れがないようにしましょう。

　"出産"関わる手続きは被保険者が「女性」か「男性」で変わってきますので気をつけましょう。

（2）産前産後休業（産休）と育児休業（育休）は別のものです

　女性従業員から「赤ちゃんができました」と連絡を受けると、総務担当者はまず「いつから産休（育休）にはいりますか？」と聞きます。手続きの流れを押さえるには、"産休（産前産後休業）"と"育休（育児休業）"がまったく別の制度であるということを理解しておく必要があります。多くの人は、"産休"も"育休"もほとんど同じと考えています。そのため、いつごろ手続きをすればよいか迷ったり、手続きをし忘れたり、遅れたりというミスが発生します。産前産後休業とは、出産日（出産予定日）から考え、出産前42日間（多胎妊娠*の場合は98日間）、出産後56日間を言います。育児休業とは、女性の場合産後休業の後から、男性は子供が生まれてからの期間を指し、原則として子供が1歳（誕生日の前日）になるまでを言います。よって、産前産後休業は女性従業員独自の制度ですが、育児休業は男性でも女性でも取れます。

＊**多胎妊娠**とは、2人以上の子供を同時に妊娠することです。

（3）従業員が産前産後休業や育児休業をとることになりました（女性従業員編）。

　産前産後休業から育児休業まで、手続きの順番を説明します。（①と②は同時期に行うことができます）

　① 産前休業に入ったとき行う手続：産休中の社会保険料の免除申請（詳細は238ページ以降参照）

　　この申請を行うことによって、労使（労働者と会社）ともに、社会保険料が免除になります。

　② 子供が産まれる前後に行う手続き：出産育児一時金（詳細は228ページ参照）

　　この申請は出産費用の補填として支払われるものです。あらかじめ病院経由で申請を

することにより、「直接払い制度」を使うことができます。

③ 産後休業が終わる直前（育児休業に入る前に行う手続き）：育休中の社会保険料の免除申請（詳細は244ページ参照）

産前産後休業中の免除申請と育児休業中の免除申請は別です。忘れずにかならず行いましょう。

④ 産後休業が終った後：出産手当金の申請（詳細は234ページ参照）

産前産後休業中の出産手当金です。

⑤ 産後休業終業後約2か月後：育児休業給付金の申請（詳細は250ページ以降参照）

これ以降2カ月に一度、ハローワークに育児休業給付金の申請を行います。

（　）内は申請先（保険者）

（4）配偶者が出産しました（男性従業員の場合）

男性従業員から「妻が出産します」と連絡を受けた場合は、「家族出産育児一時金」がもらえます。男性従業員の手続きは、

① 子供が産まれる前に行う手続き：家族出産育児一時金の申請（詳細は238ページ参照）
② 育児休業を取る前に行う手続き：育休中の社会保険料の免除申請（詳細は238ページ以降参照）
③ 育児休業を取ったときの手続き：育児休業給付金の申請（詳細は250ページ以降参照）

2. 赤ちゃんが生まれます

2-1 【社会保険】出産育児一時金

出産費用がかかります。何か給付金がありますか？

手続きのポイント〈こんなことに注意！〉

◎ご本人の出産には「出産育児一時金」を、扶養している配偶者の出産には「家族出産育児一時金」を申請できます。
◎あらかじめ病院を経由して申請をすることによって、直接協会けんぽや組合健保から病院へ支払われる制度もあります。

（1）出産による「一時金」について

社会保険に加入している従業員や、その従業員が扶養している妻が出産する場合、「（家族）出産育児一時金」を健康保険（協会けんぽ・健康保険組合）に申請することができます。支給金額は子供1人につき42万円です（産科医療補償制度に加入されていない医療機関等で出産された場合は子供1人につき40.4万円となります。）。

出産とは妊娠85日（4か月）以後の生産（早産）、死産（流産）、人工妊娠中絶をいいます。本来、正常な出産、経済上の理由による人工妊娠中絶は、健康保険が使えません（帝王切開などによる分娩の場合は使えます）。よって、多額の医療費が従業員にかかることになります。そのため、出産費用の補填とするために、出産育児一時金は支給されます。

（2）出産による「一時金」直接支払制度について

出産費用は高額です。出産育児一時金を申請しても、いったん自分の懐からまとまった額の出費をして、その後一時金が振り込まれるというのも大変です。そこで、あらかじめ出産費用に出産育児一時金を充てることができるよう、健康保険（協会けんぽ・健康保険組合）から出産育児一時金を医療機関等に直接支払う制度（直接支払制度）があります。この制度を使うと、出産費用としてまとまった額を事前に用意する必要がなく、従業員の負担が軽減されます。

直接支払制度の利用を希望する場合は、あらかじめ、従業員と医療機関等が、出産育児一時金の直接支払制度を利用する旨の合意文書を取り交わします。

直接支払制度を利用した結果、かかった出産費用が、出産育児一時金の支給金額を超える場合は、従業員がその差額を医療機関等に対して支払います。

逆に、かかった出産費用が、出産育児一時金の支給額よりも少なかった場合は、その差額は後日健康保険より従業員に支払われることとなります。この差額の請求手続を行うためには「出産育児一時金内払金支払依頼書・差額申請書」を利用して、健康保険（協会けんぽ・健康保険組合）に申請します。

なお、申請のタイミングは2つあります。1つは、健康保険が医療機関等へ出産育児一時金を支払った旨、そして差額が申請できる旨のお知らせが記載された支給決定通知書が従業員宛に到着後、「差額申請書」として申請を行うパターン、もう1つは、早期に差額を受け取るため、健康保険から従業員宛に上記の支給決定通知書が届く前に「内払金支払依頼書」として申請を行うパターンです。

この他、そもそも従業員が直接支払制度の利用を希望しない場合や、直接支払制度を利用できない医療機関等である場合は、出産後「出産育児一時金支給申請書」を利用して、健康保険（協会けんぽ・健康保険組合）に申請します。

届出書類　：出産育児一時金内払金支払依頼書・差額申請書
提出先　　：全国健康保険協会もしくは、健康保険組合
添付書類　：差額申請書として提出する場合は不要
　　　　　　内払金支払依頼書として提出する場合
　　　　　　①医療機関から交付される出産費用の領収・明細書のコピー
　　　　　　②医療機関から交付される直接支払制度にかかる代理契約に関する文書のコピー
提出方法　：郵送
提出期限　：出産の日の翌日から2年以内
様式入手元：所轄年金保険事務所および全国健康保険協会Webサイト
　　　　　　健康保険組合［様式は、健康保険組合独自の様式があります。］

【記入例　出産育児一時金支給申請書①】

健康保険 被保険者/家族 出産育児一時金 支給申請書（1／2ページ　被保険者（申請者）記入用）

記入方法および添付書類等については、「健康保険 被保険者 家族 出産育児一時金 支給申請書 記入の手引き」をご確認ください。
届書（申請書）は、楷書で枠内に丁寧にご記入ください。　記入見本　0123456789アイウ

被保険者（申請者）情報

- 被保険者証の　記号：12345678　番号：37　生年月日：昭和 50-01-01
- 氏名・印：（フリガナ）チュウオウ タロウ　中央 太郎　㊞（寅）　自署の場合は押印を省略できます。
- 住所：〒101-0032　東京都　千代田区岩本町9-9-9
- 電話番号（日中の連絡先）：TEL 03（0000）0000

振込先指定口座

- 金融機関名称：△△　銀行　○○　支店
- 預金種別：1（1.普通）
- 口座番号：9999999
- 口座名義：チュウオウ　タロウ
- 口座名義の区分：1（1.申請者）

「2」の場合は必ず記入・押印ください。（押印省略不可）

受取代理人の欄

- 被保険者（申請者）氏名・印　　住所「被保険者（申請者）情報」の住所と同じ
- 代理人（口座名義人）住所：（〒　－　）TEL（　）　（フリガナ）氏名・印　　委任者と代理人との関係
- 本申請に基づく給付金に関する受領を下記の代理人に委任します。　平成　年　月　日

「申請者・医師・市区町村長記入用」は2ページに続きます。》》》

社会保険労務士の提出代行者名記載欄　㊞

様式番号：621113

全国健康保険協会　協会けんぽ

受付日付印　(26.7)

1/2

【記入例　出産育児一時金支給申請書②】

健康保険 被保険者/家族 出産育児一時金 支給申請書

ページ 2/2　申請者・医師・市区町村長記入用

被保険者氏名　中央 太郎

申請内容

① 出産した者　**2**　1.被保険者　2.家族（被扶養者）

①-① 家族の場合はその方の
- 氏名：中央 華子
- 生年月日：☑昭和 □平成　**50**年**01**月**02**日

② 出産した年月日　平成 **28**年**04**月**01**日

③ 生産または死産の別　**1**　1.生産　2.死産　3.生産・死産混在

③-① 「生産」の場合 出生児数　**1**人
③-② 「死産」の場合 死産児数　□人
③-②-(1) 「死産」の場合 妊娠経過期間　満□週

④ 出生児の氏名　中央 日美

⑤ 出産した医療機関等
- 名称：○○病院
- 所在地：千代田区岩本町○－○－○

⑥ 出産した方
- 被保険者 → 退職後6か月以内の出産ですか。
- 家　族 → 協会けんぽに加入後6か月以内の出産ですか。
- **2**　1.はい　2.いいえ

⑥-① 「はい」の場合、『保険者名』と『記号・番号』をご記入ください。
- 被保険者 → 現在加入している保険者について
- 家　族 → 協会けんぽ加入前に加入していた保険者について
- 保険者名：
- 記号・番号：

⑥-①-(1) 同一の出産について、⑥-①の保険者より出産育児一時金を　□　1.受けた／受ける予定　2.受けない

証明欄（いずれかにご記入ください）

医師・助産師による証明の場合

出産者氏名		出産年月日	平成　年　月　日
出生児の数	□単胎　□多胎→（　児）	生産または死産の別	□生産　□死産→（妊娠　週）

上記のとおり相違ないことを証明する。
平成　年　月　日
医療施設の所在地
医療施設の名称
医師・助産師の氏名　　　　印

市区町村長による証明の場合（生産のみ）

本籍		筆頭者氏名	
母の氏名	出生児氏名	出生年月日	平成　年　月　日

上記のとおり相違ないことを証明する。
平成　年　月　日　市区町村長名　　　　印

様式番号　6 2 1 2 1 2

全国健康保険協会　協会けんぽ

【記入例　健康保険出産育児一時金内払金支払依頼書・差額申請書①】

健康保険　被保険者／家族　出産育児一時金　内払金支払依頼書／差額申請書
ページ 1／2　被保険者（申請者）記入用

記入方法および添付書類等については、「健康保険 被保険者 家族 出産育児一時金 内払金支払依頼書差額申請書 記入の手引き」をご確認ください。
届書（申請書）は、楷書で枠内に丁寧にご記入ください。　記入見本：０１２３４５６７８９アイウ

被保険者（申請者）情報

- 被保険者証の　記号：12345678　番号：37
- 生年月日：☑昭和 □平成　50 01 01
- 氏名・印：（フリガナ）チュウオウ タロウ　中央 太郎　㊞　自署の場合は押印を省略できます。
- 住所：〒101-0032　東京（都）　千代田区岩本町 9-9-9
- 電話番号（日中の連絡先）：TEL 03（0000）0000

振込先指定口座

- 金融機関名称：△△　（銀行）　○○　支店
- 預金種別：1（1.普通 2.当座 3.別段 4.通知）
- 口座番号：9999999　左づめでご記入ください。
- 口座名義：チュウオウ　タロウ
- 口座名義の区分：1（1.申請者 2.代理人）

「2」の場合は必ず記入・押印ください。（押印省略不可）

受取代理人の欄

- 被保険者（申請者）氏名・印　　　印　　平成　年　月　日
  本申請に基づく給付金に関する受領を下記の代理人に委任します。
  住所「被保険者（申請者）情報」の住所と同じ
- 代理人（口座名義人）住所：〒　－　　TEL（　）
  （フリガナ）
  氏名・印　　印
- 委任者と代理人との関係

「申請者・医師・市区町村長記入用」は2ページに続きます。 >>>

- 社会保険労務士の提出代行者名記載欄　印
- 様式番号：621113
- 協会使用欄
- 全国健康保険協会　協会けんぽ
- 受付日付印　(26.7)
- 1／2

【記入例　健康保険出産育児一時金内払金支払依頼書・差額申請書②】

健康保険 被保険者/家族 出産育児一時金 内払金支払依頼書・差額申請書

ページ 2／2　申請者・医師・市区町村長記入用

被保険者氏名　中央 太郎

申請内容

① 出産した者　**2**　1. 被保険者　2. 家族（被扶養者）

①-① 家族の場合はその方の　氏名　中央 華子　生年月日　☑昭和　□平成　50 年 01 月 02 日

② 出産した年月日　平成 28 年 04 月 01 日

③ 生産または死産の別　**1**　1. 生産　2. 死産　3. 生産・死産混在

③-① 「生産」の場合 出生児数　**1** 人
③-② 「死産」の場合 死産児数　□ 人
③-②-(1) 「死産」の場合 妊娠経過期間　満 □ 週

④ 出生児の氏名　中央 日美

⑤ 出産した医療機関等　名称　〇〇病院　所在地　千代田区岩本町〇-〇-〇

⑥ 出産した方
- 被保険者 → 退職後6か月以内の出産ですか。
- 家　族 → 協会けんぽに加入後6か月以内の出産ですか。

2　1. はい　2. いいえ

⑥-① 「はい」の場合、『保険者名』と『記号・番号』をご記入ください。
- 被保険者 → 現在加入している保険者について
- 家　族 → 協会けんぽ加入前に加入していた保険者について

保険者名
記号・番号

⑥-①-(1) 同一の出産について、⑥-①の保険者より出産育児一時金を　□　1. 受けた／受ける予定　2. 受けない

証明欄（いずれかにご記入ください）

医師・助産師による証明の場合

出産者氏名		出産年月日	平成　年　月　日
出生児の数	□単胎　□多胎 →（　　　児）	生産または死産の別	□生産　□死産 →（妊娠　週）

上記のとおり相違ないことを証明する。
平成　年　月　日
医療施設の所在地
医療施設の名称
医師・助産師の氏名　　　　印

市区町村長による証明の場合（生産のみ）

本籍		筆頭者氏名	
母の氏名		出生児氏名	
		出生年月日	平成　年　月　日

上記のとおり相違ないことを証明する。
平成　年　月　日　市区町村長名　　　　印

様式番号　6 2 1 2 1 2

全国健康保険協会　協会けんぽ

2-2 【社会保険】従業員が出産のために会社を休んでいます

産前・産後休業中に給付金をもらうための手続きです。

被保険者が出産のため会社を休み、会社から給料が支払われないときは、出産手当金が支給されます。これは、被保険者や家族の生活を保障し、安心して出産前後の休養ができるようにするために設けられている制度です。出産手当金は、出産日により支給対象日数が変わりますので、注意が必要です。

●出産手当金が受けられる期間

出産手当金は、出産の日（実際の出産が予定日後のときは出産の予定日）以前42日目（多胎妊娠の場合は98日目）から、出産の日の翌日以後56日目までの範囲内で会社を休んだ期間について支給されます。ただし、休んだ期間にかかる分として、出産手当金の額より多い給料（報酬）が支給される場合は、出産手当金は支給されません。

●出産が予定より遅れた場合

予定日よりおくれて出産した場合は支給期間が、出産予定日以前42日（多胎妊娠の場合は98）から出産日後56日の範囲内となっていますので、実際に出産した日までの期間も支給されることになります。たとえば、実際の出産が予定より4日遅れたという場合は、その4日分についても出産手当金が支給されます。

【出産予定日と出産日が違う場合】

```
      出産予定日        出産日
         ↓              ↓
  ┌──────┬──────────┬──────────┐
  │      │支給される期間│          │
  └──────┴──────────┴──────────┘
  ←─産前42日─→←4日間→←──産後56日──→
```

（2）支給される金額と期間は？

休んだ日について、1日あたり下記計算式によって算出された金額が支給されます。

$$\left[\text{支給開始日}^{(※1)}\text{以前の継続した12ヵ月間}^{(※2)}\text{の各月の標準報酬月額}\right] \div 30 \times \frac{2}{3}$$

❶ $\left[\text{支給開始日以前の継続した各月の標準報酬月額を平均した額}\right] \div 30 \times \frac{2}{3}$

❷ 28万円$^{(※3)}$ $\div 30 \times \frac{2}{3}$

（※1）支給開始日とは、最初に出産手当金が支給された日（休んだ日）です。

（※2）被保険者期間が12ヵ月無い場合は、次の❶または❷のいずれか少ない額で計算されます。

(※3) この額は、支給開始日の属する年度の前年度の9月30日における全被保険者の標準報酬月額を平均した額です。したがって年度毎に変わる可能性があります。

提出書類　：健康保険出産手当金支給申請書［様式番号なし］
提出先　　：全国健康保険協会または健康保険組合
提出期限　：出産のための労務に服さなかった日ごとにその翌日から起算して2年以内
添付書類　：賃金台帳、出勤簿等
様式入手先：所轄年金事務所窓口または全国健康保険協会Webサイト
　　　　　　健康保険組合［様式は健康保険組合ごとに独自のものがあります］

【記入例　健康保険出産手当金支給申請書①】

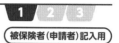

【記入例　健康保険出産手当金支給申請書②】

健康保険 出産手当金 支給申請書
(被保険者(申請者)・医師・助産師記入用)　2/3

申請内容

№	項目	回答
1	今回の出産手当金の申請は、出産前の申請ですか、それとも出産後の申請ですか。	2　1.出産前の申請　2.出産後の申請
2	上記で「出産前の申請」の場合は、出産予定日をご記入ください。「出産後の申請」の場合は、出産日と出産予定日をご記入ください。	出産予定日　平成 28年 4月 4日　出産日　平成 28年 4月 10日
3	出産のため休んだ期間(申請期間)	平成 28年 2月 23日から　平成 28年 6月 5日まで　104日間
4	上記の出産のため休んだ期間(申請期間)の報酬を受けましたか。または今後受けられますか。	2　1.はい　2.いいえ
5	上記で「はい」と答えた場合、その報酬の額と、その報酬支払の基礎となった(なる)期間をご記入ください。	平成　年　月　日から　平成　年　月　日まで　円

医師・助産師記入欄

出産者氏名　保口 険子
出産予定年月日　平成 28年 4月 4日　出産年月日　平成 28年 4月 10日
出生児の数　単胎　多胎(　児)
生産または死産の別　生産　死産(妊娠　週)

上記のとおり相違ないことを証明する。　平成 28年 4月 15日
医療施設の所在地　東京都港区○○9-99
医療施設の名称　○○病院
医師・助産師の氏名　港 一郎　㊞　TEL 03(●●●●)△△△△

「事業主記入用」は3ページに続きます。

「事業主記入用」の3ページ目については「傷病手当金支給申請書」の記入例(●ページ)を参照

様式番号　6 1 1 2 1 3

全国健康保険協会　協会けんぽ

2. 赤ちゃんが生まれます

3. 【社会保険】従業員が産休・育休に入りました。社会保険料はどうなりますか

産前産後休業中・育児休業中の社会保険料は免除されます。

> **手続きのポイント〈こんなことに注意！〉**
> ◎産前産後休業と育児休業は制度が異なりますので、それぞれ手続きが必要です！
> ◎休業期間の変更があれば、必ず手続きをしてください！

（1）産前産後休業の期間は社会保険料が免除となります。

　従業員（被保険者）は、産前産後休業を会社に申請（申出）をします。これを受けて会社は「産前産後休業取得者申出書」を所轄年金事務所へ提出します。この申出は、従業員（被保険者）が産前産後休業（産前42日（多胎妊娠の場合は98日）、産後56日のうち、妊娠または出産を理由として勤務しなかった期間）を取得した際に、会社が手続きします。また、この申出は、産前産後休業をしている間に行わなければなりません。保険料の徴収が免除される期間は、産前産後休業開始月から終了予定日の翌日の月の前月（産前産後休業終了日が月の末日の場合は産前産後休業終了月）までです。免除期間中も被保険者資格は変わらず、将来、年金額を計算する際は、保険料を納めた期間として扱われます。

（2）「産前産後休業取得者申出書」は"最初に"いつ出したかで、その後の手続きが変わるので注意が必要です。

〈「出産前」に産休期間中の保険料免除を申出した場合〉

「産前産後休業取得者申出書」を「出産前」に提出し、産前産後休業期間中の社会保険料の免除を受ける場合、産前産後休業期間には、予定日を基準としてその期間を記載します。よって、実際の出産日と予定日がずれることにより、産前産後休業期間に変更がある場合があります。この場合は、会社が日本年金機構へその旨を届け出る必要があります。

① 出産予定日より「前」に出産した場合

❶産前産後休業開始後に「産前産後休業取得者申出書」を提出

❷出産後に「産前産後休業取得者変更（終了）届」を提出

【出産予定日より前に出産した場合】

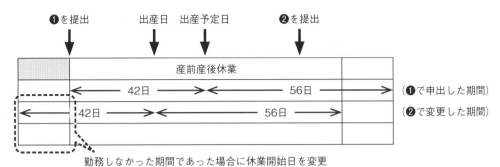

② 出産予定日より「後」に出産した場合
❶産前産後休業開始後に「産前産後休業取得者申出書」を提出
❷出産後に「産前産後休業取得者変更（終了）届」を提出

【出産予定日より後に出産した場合】

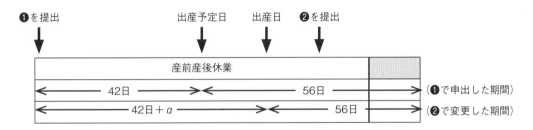

③ 出産予定日に出産した場合
❶産前休業開始後に「産前産後休業取得者申出書」を提出
❷その後、出産予定日どおりに出産した場合は、「産前産後休業取得者変更（終了）届」の提出は不要

〈「出産後」に産休期間中の保険料免除を申出した場合〉
❶産後に「産前産後休業取得者申出書」を提出（出産予定日、出産日の両方を申出）

【出産予定日に出産し、「出産後」に産休期間中の保険料免除を申出した場合】

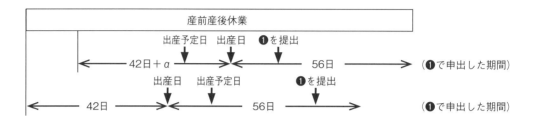

〈産休終了予定年月日の前までに産休を終了した場合〉
　産後休業は、労働基準法に基づいて産後56日取れますが、同法により本人が職場の復帰を希望し医師の許可があれば、42日で復帰をすることができます。このような場合、当初申出した産休終了予定年月日よりも前に産休を終了することになります。この場合は、「産前産後休業取得者変更（終了）届」により終了日を届出（終了予定日どおりに終了した場合は、届出不要）する必要があります。

【出産予定日に出産し、産休終了予定年月日の前までに産休を終了した場合】

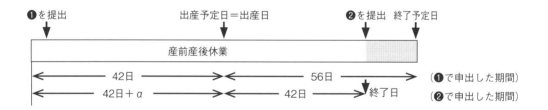

届出書類　：産前産後休業取得者申出書または産前産後休業取得者変更（終了）届［様式番号なし］
提出先　　：所轄年金事務所窓口または電子申請
添付書類　：不要
様式入手先：所轄年金事務所窓口または全国健康保険協会Webサイト

【記入例　産前産後休業等取得者申出書　出産前】

健康保険
厚生年金保険　産前産後休業取得者申出書

届書コード 2 7 3　処理区分

①事業所整理記号　中央　ほへと
②被保険者整理番号　7
③被保険者の生年月日　昭5年52年12月31日
④出産予定年月日　平成28年4月4日
⑤出産種別　単胎0　多胎1（○印）
⑥年金手帳の基礎年金番号　1234543210
（カナ）ホグチ　ケソコ
（氏）保口　（名）険子
⑦産前産後休業期間　平成28年2月23日から平成28年6月30日まで
⑧作成項目

※この欄は未記入にしてください。

事業所所在地　〒100-8505　千代田区岩本町1-4-7
事業所名称
事業主氏名　代表取締役　保母太郎　㊞
電話番号　(03) 3865 - 9999

社会保険労務士の提出代行者印　㊞

平成 28 年 3 月 2 日提出

3.【社会保険】従業員が産休・育休に入りました。社会保険料はどうなりますか　241

【記入例　産前産後休業等取得者申出書　出産後】

健康保険 厚生年金保険 産前産後休業取得者申出書

届書コード 2 7 3

① 事業所整理記号　中央 ほへと
② 被保険者整理番号　7
⑦ 年金手帳の基礎年金番号　1234543210
④ 被保険者の氏名　（フリガナ）ホグチ　（氏）保口　（名）ケンコ　陵子
⑤ 被保険者の生年月日　昭7 52 12 31
⑤ 出産予定年月日　平成 28 04 04
⑨ 出産種別　単胎 ⓪ 多胎 1
⑥ 産前産後休業期間　平成 28 年 2 月 23 日から　平成 28 年 6 月 5 日まで
⑦ 産前産後休業開始年月日　平7 28 04 10
⑦ 産前産後休業終了予定年月日　平7
⑧ 備考
⑧ 作用原因
（フリガナ）ホグチ　（氏）保口　（名）ケンタロウ　陵太郎
⑩ 出産年月日　平7 28 04 10　送信

出生児の氏名・生年月日を記入してください。
多胎児の場合は、氏名を列記してください。

平成 28 年 4 月 10 日提出

事業所所在地　〒100-8505 千代田区岩本町1-4-7
事業所名称　代表取締役 保母太郎
事業主氏名　（千代田）㊞
電話番号　(03) 3865 - 9999

社会保険労務士の提出代行者印

242　第7章　出産、育児休業、介護休業編

【記入例　産前産後休業取得者変更（終了）届】

健康保険　産前産後休業取得者変更（終了）届
厚生年金保険

① 事業所整理記号　中央　ほへと
② 被保険者整理番号　7
③ 年金手帳の基礎年金番号　1234543210
④ 被保険者の氏名　(フリガナ) ホグチ ケンコ　保口 険子
⑤ 被保険者の生年月日　昭 7 5 21 2 31

変更前
④ 出産（予定）年月日　平成 280404
⑤ 出産種別　単胎 0　多胎 1
④ 産前産後休業期間　平成 28 年 2 月 23 日 から　平成 28 年 6 月 5 日 まで
⑤ 産前産後休業開始年月日　平成 28 年 2 月 23 日
⑥ 出産（予定）年月日　平成 28 年 5 月 31 日

変更後
④ 出産（予定）年月日　平成 280410
⑤ 出産種別　単胎 0　多胎 1
⑥ 出産（予定）年月日　平成 28 年 5 月 31 日
⑦ 産前産後休業終了予定年月日　平成
⑧ 作成原因

届書コード　273
※開始年月日が変更になる場合
　⇒届書コード273へ
※開始年月日に変更がない場合
　⇒届書コード275へ

届書コード　275
⑧ 作成原因
⑤ 出生児の氏名　(フリガナ) ホグチ ケンタロウ　保口 険太郎

事業所所在地　〒101-0032　千代田区岩本町1-4-7
事業主氏名　代表取締役　保母 太郎　㊞
電話番号　(03) 3865 - 9999

平成 28 年 6 月 10 日提出

社会保険労務士の提出代行者印

3.【社会保険】従業員が産休・育休に入りました。社会保険料はどうなりますか　243

（3）育児休業中も社会保険料が免除されます！

　育児・介護休業法による満3歳未満の子を養育するための育児休業等（育児休業及び育児休業に準じる休業）期間について、健康保険・厚生年金保険の保険料は、事業主の申出により、被保険者分及び事業主分とも徴収されません。月々の保険料だけでなく、賞与の保険料も免除となります。また、事業主は労働者ではないので、育児のために休業していても、育児・介護休業法の育児休業に該当しないため育児休業中の健康保険・厚生年金保険の保険料は免除となりません。

届出書類　：育児休業等取得者申出書［様式番号なし］
提出先　　：所轄年金事務所窓口または電子申請
添付書類　：不要
様式入手先：所轄年金事務所窓口または全国健康保険協会Webサイト

【記入例　育児休業等取得者申出書　新規】

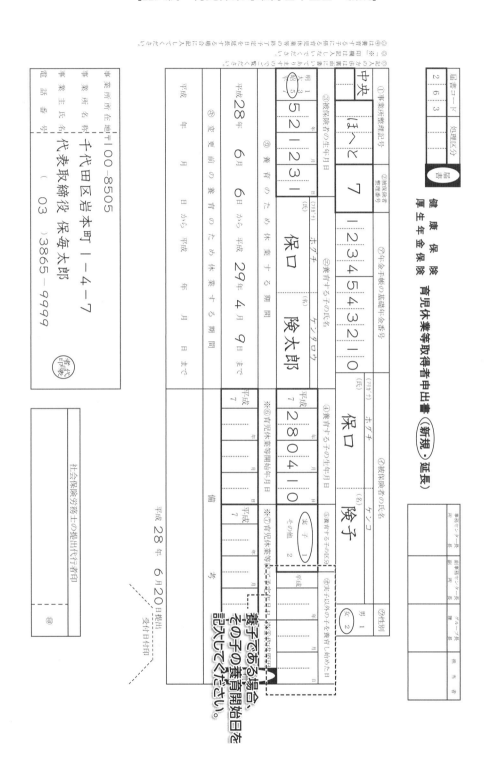

3.【社会保険】従業員が産休・育休に入りました。社会保険料はどうなりますか

【記入例　育児休業等取得者申出書　延長】

健康保険 厚生年金保険 育児休業等取得者申出書（新規・延長）

被保険者が養育のために休業する期間を、「⑩養育のため休業する期間」に記入するとともに、変更後の期間を、「⑩養育のため休業する期間」に記入してください。変更する旨の申出をする場合は、変更前の期間を記入してください。

4. 【社会保険】産前産後休業から復帰後 従業員の給料がさがりました

産後休業から復帰した従業員の給料が休業前より下がった場合等、標準報酬月額を改定する手続きです。

> **手続きのポイント〈こんなことに注意！〉**
>
> ◎産前産後休業後すぐに復帰をして、休業前より給料がさがっているときに申し出をします。
> ◎産前産後休業を終了してすぐに育児休業に入った場合は、申出はできません。

（1）産前産後休業復帰後の標準報酬月額の改定には、こんな要件があります。

産前産後休業を終えて育児休業をとらず復帰をした場合、小さな子供を育てながら働く従業員は、休業前より短い時間で働くことを希望することもあります。この場合、ノーワークノーペイの原則により、働く時間が短くなるとともに、給料も下がります。そんな従業員については、通常の随時改定の要件に関係なく、1等級以上の差があれば標準報酬月額を改定することができます。

要件は以下の通りです。

①産前産後休業終了日に、産前産後休業をとる原因となった子供を育てている被保険者であること。

②これまでの標準報酬月額と改定後の標準報酬月額※との間に1等級以上の差があること。

※標準報酬月額は、産前産後休業終了日の翌日が属する月以後3か月分の報酬の平均額に基づき算出します。

③育児休業終了日の翌日が属する月以後3か月のうち、少なくとも1か月における賃金の支払基礎日数が17日以上であること。

（2）手続きの方法は？

「産前産後休業等終了時報酬月額変更届」を日本年金機構へ提出します。決定された標準報酬月額は、1月～6月に改定された場合、再び随時改定等がない限り、その年の8月までの各月に適用されます。また、7月～12月に改定された場合は、翌年の8月までの各月に適用されます。

届出書類　：産前産後休業等終了時報酬月額変更届［様式番号なし］
提出先　　：所轄年金事務所窓口または電子申請
提出方法　：郵送、窓口持参
提出時期　：速やかに
添付書類　：不要
様式入手先：所轄年金事務所または全国健康保険協会Webサイト

【記入例　産前産後休業等終了時報酬月額変更届】

健康保険／厚生年金保険　産前産後休業終了時報酬月額変更届

届書コード 2216　処理区分 6

① 事業所整理記号：中央 ほへと
② 被保険者整理番号：7
給与締切日：15日
給与支払日：末日

⑦ 年金手帳の基礎年金番号：1234-543210
⑧ 被保険者の氏名：（フリガナ）ホグチ ケンコ／保口 険子
⑨ 被保険者の生年月日：昭5／平7　5　21　31
⑩ 種別：2

⑪ 養育する子の氏名：（フリガナ）ホグチ ケンタロウ／保口 険太郎
⑫ 養育する子の生年月日：平成 28　04　10
⑬ 産前産後休業を終了した年月日：平成 28　06　05
⑭ 従前の標準報酬月額：健 260 千円／厚 260 千円

算定対象月の報酬支払基礎日数	通貨によるものの額	現物によるものの額	合計	支払基礎日数17日以上の月の報酬月額の総計	改定年月	備考
6　25日	200,100円	0円	200,100円	690,100円	28年 9月	円
7　31日	250,000円	0円	250,000円	㋐平均額	㋑修正平均額	円
8　31日	240,000円	0円	240,000円	230,033円	年　月	

※⑤ 標準報酬月額

⑰ 産前産後休業を終了した日の翌日に引き続いて育児休業等を開始していませんか。
☑ 開始していません
☐ 開始しました

各月の給与支払いの対象となった日数を記入。
月給者は暦日数、日給者は出勤日数を記入。

社会保険労務士の提出代行者印

受付日付印

上記のとおり被保険者から申出がありましたので提出します。
平成28年9月5日提出
〒100-8505
（事業主）事業所所在地：千代田区岩本町1-4-7
事業所名称：株式会社保毋サービス
事業主氏名：代表取締役 保毋太郎（代表者印）
電話番号：（03）3865-9999

健康保険法施行規則第38条の3及び厚生年金保険法施行規則第10条の2の規定による申出をします。
日本年金機構理事長 あて
平成28年9月4日提出
〒100-0000
（申出人）住所：東京都港区○○ △-△-△
氏名：保口 険子（保口印）
電話番号：（03）9999-9999

4.【社会保険】産前産後休業から復帰後従業員の給料がさがりました

5. 【雇用保険】従業員が育児休業に入りました「育児休業給付金」

育児休業中に、従業員に支給される給付はありますか？

手続きのポイント〈こんなことに注意！〉

◎育児休業中は、育児休業給付金が雇用保険からもらえます

◎原則子供が１歳になるまでもらえます

◎手続きは２か月に一度行います

（１）育児休業給付金をもらうにはこんな要件があります

育児休業給付金がもらえるかどうかは、には、それぞれ育児休業前と育児休業中の要件があります。すべてを満たさないと申請できませんので注意をしましょう。もちろん、育児休業をとり、下記の要件を満たす従業員であれば、男性女性を問いません。

〈育児休業前〉

①雇用保険の被保険者が育児休業をとった場合であること。

②休業開始前の２年間に、月々働いていた日数（賃金支払基礎日数）が11日以上ある月が12か月以上あること。

〈育児休業中〉

①休業中の各月において、休業をする前の１か月当たりの給料の８割以上の額が支払われていないこと。

②働いている場合、その日数が１か月（支給単位期間(※)）ごとに10日以下であること（10日を超える場合は、就業している時間が80時間以下であること）。

※支給単位期間とは、育児休業を始めた日から１か月に区切った期間をいいます。

（２）育児休業給付金って幾らぐらいもらえるの？いつまでもらえるの？

支給対象期間（１か月）当たりの育児休業給付金の支給額は、最初の６か月間は大体もとの給料の３分の２程度。６か月経過後は半分程度と考えてください。正確な額の求め方は、以下通りです。

最初の６か月間	休業開始時賃金日額※×支給日数の67％
６か月経過以降	休業開始時賃金日額※×支給日数の50％

※休業開始時賃金日額＝「育児休業開始前（産前産後休業開始前）６か月間の賃金を180で割った額」

育児休業給付金の支給を受けられるのは、原則として子供が1歳になるまでです。

例外としては、保育所[注1]が見つからない場合の1歳6か月までや、パパママ育休プラス制度[注2]を使う場合の1歳2か月までがあります。

注1：ここでいう保育所は、児童福祉法第39条に規定する保育所をいい、いわゆる無認可保育施設はこれに含まれません。

注2：パパママ育休プラス制度とは、父母ともに育児休業を取得する場合、子が1歳2か月まで育児休業を取れる制度です。この制度に合わせ、育児休業給付金も子供が1歳2か月になるまで申請することができます。ただし、父母各人が申請できるのは、はそれぞれ1年までです。

(3) 育児休業給付金の手続きの流れを教えてください

育児休業給付金の手続きの流れは図【育児休業給付金の手続きの流れ】の通りです。

【育児休業給付金の手続きの流れ】

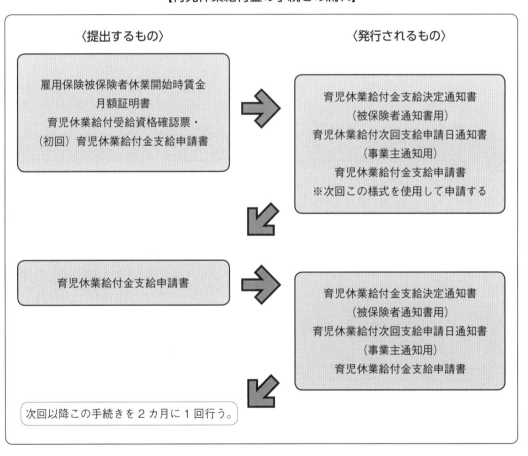

手続きにおいて重要なことは、以下に列挙しました。
- 2か月に1回支給申請すること
- 女性の被保険者の場合、育児をしている子についての産後休業8週間については、育

児休業期間には含まれないこと
- ●提出期限を守ること
  - ・初回：育児休業開始日から4か月目の日の月末
  - ・2回目以降：ハローワークより交付される「育児休業給付次回支給申請日指定通知書」に記載
- ●初回の申請は、マイナンバーの記載が必要となること

（4）保育園が見つかりません。育児休業給付金の延長の申請の方法を教えてください

延長を希望する場合の手続きには、特別な書類はありません。子供が1歳の誕生日を含む期間もしくはその直前の期間の申請を提出するときの「育児休業給付金支給申請書」の17欄「支給対象となる期間の延長事由―期間」に必要事項を記入して申請をします。

提出書類 ：

初回	育児休業給付資格確認票・初回育児休業給付金支給申請書［様式番号なし］
2回目以降	育児休業給付金支給申請書［様式番号なし］

提出先 ：所轄公共職業安定所窓口または電子申請

添付書類 ：賃金台帳、出勤簿

その他、原因に応じて以下の添付書類が必要

保育所がみつからない	保育所において保育が行われない事実を証明できる書類（市区町村が発行した保育所の入所不承諾通知書等）
配偶者が死亡、離婚によって子供を育てることができなくなったとき	世帯全員について記載れた住民票の写し及び母子健康手帳
配偶者がケガや病気で子供を育てることができなくなったとき	保育を予定していた配偶者の状態についての医師の診断書等
妻が産前産後休業期間中	母子健康手帳
金融機関による確認印がないとき	本人名義の通帳もしくはキャッシュカード（現物）の提示

提出期限 ：《初回》　　育児休業開始日から4か月目の日の月末
　　　　　《2回目以降》ハローワークより交付される「育児休業給付次回支給申請日指定通知書」に記載

【記入例　育児休業給付金申請書】

様式第33号の5（第101条の13関係）（第1面）

育児休業給付受給資格確認票・（初回）育児休業給付金支給申請書
（必ず第2面の注意書きをよく読んでから記入してください。）

- 帳票種別：11405
- 1. 被保険者番号：1234-567999-0
- 2. 資格取得年月日：4-240401
- 3. 事業所番号：9999-000000-1
- 4. 育児休業開始年月日：平成 280227
- 5. 出産年月日：4-280101（3 昭和　4 平成）
- 6. 個人番号：124578876543
- 7. 被保険者の住所（郵便番号）：231-0012
- 8. 被保険者の住所（漢字）※市・区・郡及び町村名：横浜市中区▲▲
- 被保険者の住所（漢字）※丁目・番地：1-2-10
- 被保険者の住所（漢字）※アパート、マンション名等：中ハイツ8号室
- 9. 被保険者の電話番号：045-212-0000
- 10. 支給単位期間その1（初日）（末日）：平成 280227-0326
- 11. 就業日数：0
- 12. 就業時間：0
- 13. 支払われた賃金額：0
- 14. 支給単位期間その2（初日）（末日）：平成 280327-0426
- 15. 就業日数：0
- 16. 就業時間：0
- 17. 支払われた賃金額：0

事業所名（所在地・電話番号）：株式会社保毎サービス　03-3865-9999
東京都千代田区岩本町1-4-7
代表取締役 保毎太郎

平成 28年 5月 6日

上記のとおり育児休業給付の受給資格の確認を申請します。
雇用保険法施行規則第101条の13の規定により、上記のとおり育児休業給付金の支給を申請します。

平成 28年 5月 6日　飯田橋 公共職業安定所長 殿

フリガナ：シズオカ ハマコ
申請者氏名：静岡 浜子

払渡希望金融機関指定届

払渡希望金融機関
- フリガナ：ヨコハマギンザギンコウ　マルマル
- 名称：横浜ぎんざ銀行 ○○ 支店
- 銀行等（ゆうちょ銀行以外）口座番号（普通）：○○○○○○○

5.【雇用保険】従業員が育児休業に入りました「育児休業給付金」

【記入例　雇用保険被保険者休業開始時賃金月額証明書】

様式第10号の2

雇用保険被保険者　休業開始時賃金月額証明書（安定所提出用）（育児）介護
所定労働時間短縮開始時賃金証明書

①被保険者番号	1234-567999-0	④フリガナ	シズオカハマコ	⑤休業等を開始した日の	平成 28 2 27
②事業所番号	9999-000000-1	休業等を開始した者の氏名	静岡 浜子		
③名称	株式会社保毎サービス	⑥休業等を開始した者の	〒231-0012		
事業所所在地	東京都千代田区岩本町1-4-7	住所又は居所	神奈川県横浜市中区▲▲1-2-10		
電話番号	03-3865-9999		電話番号（045）212-0000		

この証明書の記載は、事実に相違ないことを証明します。
住所　東京都千代田区岩本町1-4-7
事業主　株式会社保毎サービス
氏名　代表取締役 保毎太郎
（事業主印）（代表者印）（静岡印）

休業等を開始した日前の賃金支払状況等

⑦休業等を開始した日の前日に離職したとみなした場合の被保険者期間算定対象期間	⑧の期間における賃金支払基礎日数	⑨賃金支払対象期間	⑩の基礎日数	賃金額 Ⓐ	Ⓑ	計	備考
休業等を開始した日 2月27日							
1月27日～休業を開始した日の前日	0日	2月21日～休業を開始した日の前日	0日	0		0	H27.11.21～H28.2.26まで産前産後休のため98日間賃金支払なし
10月27日～11月26日	25日	10月21日～11月20日	31日	300,000		300,000	
9月27日～10月26日	30日	9月21日～10月20日	30日	300,000		300,000	
8月27日～9月26日	31日	8月21日～9月20日	30日	300,000		300,000	
7月27日～8月26日	31日	7月21日～8月20日	31日	300,000		300,000	
6月27日～7月26日	30日	6月21日～7月20日	30日	300,000		300,000	
5月27日～6月26日	31日	5月21日～6月20日	31日	300,000		300,000	
4月27日～5月26日	30日						
3月27日～4月26日	31日						
2月27日～3月26日	28日						
1月27日～2月26日	31日						
12月27日～1月26日	31日						
11月27日～12月26日	30日						

⑨基礎日数が11日以上の月を6ヵ月以上記載する。

⑫産休等長期の休業で賃金が支払われなかった期間がある場合に記入

⑦基礎日数が11日以上の月を12ヵ月以上記載する。

⑬賃金に関する特記事項

休業開始時賃金月額証明書
所定労働時間短縮開始時賃金証明書
受理　平成　年　月　日
（受理番号　　　号）

⑪（休業開始時における）雇用期間　イ 定めなし　ロ 定めあり→平成　年　月　日まで（休業開始日を含めて　年　カ月）

※公共職業安定所記載欄

社会保険労務士記載欄　作成年月日・提出代行者・事務代理者の表示　氏名　電話番号

6. 【社会保険】従業員が育児休業を終了します

育児休業を予定より早く終了するとき等に行う手続きです

手続きのポイント〈こんなことに注意！〉

◎育児休業の期間が変更する場合に行う手続きです
◎期間の変更がない場合は手続きをする必要はありません

（1）育児休業を早く終了する場合は、「育児休業等取得者終了届」を提出

　最初は子供が1歳になるまで育児休業を取ろうと考えていたけれど種々の事情で、早めに終了をする等場合は、「育児休業等取得者終了届」を所轄年金事務所に提出をする必要があります。この手続きによって、育児休業期間中に行われていた社会保険料の免除が止まります。

　早めに育児休業を終了する場合とは以下の3つです。

　　（ア）当初の予定より早く復職する場合
　　（イ）被保険者が産前産後休業を取得する場合
　　（ウ）養育している子が死亡した場合

（イ）のように、育児休業期間中であっても、あらたに子供を身ごもり産前産後休業に入る場合は、いったんそこで、育児休業は終了したとみなされますので注意をしてください。

（2）期間の変更がない場合は手続き不要

　育児休業を当初の予定通り終了する場合は、何ら手続きを行う必要がありません。社会保険料の免除期間については、当初提出された「育児休業等取得者申出書」に記載された「養育のため休業する期間」に基づいて日本年金機構が判断をします。

提出書類　　：育児休業等取得者終了届［様式番号なし］
提出先　　　：所轄年金事務所窓口
添付書類　　：不要
提出期限　　：育児休業を終了後すみやかに
様式入手先：所轄年金事務所窓口および日本年金機構Webサイト

【記入例　育児休業等取得者終了届】

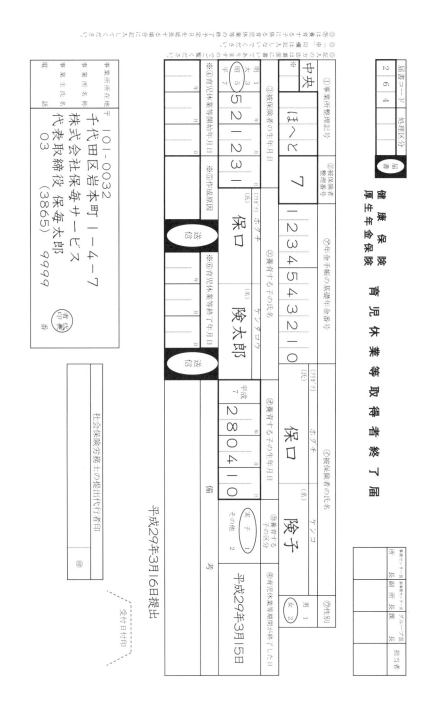

7. 【社会保険】従業員が育児をしながら働くため給料がさがりました

　育児休業から復帰した従業員の給料が休業前より下がった場合等、標準報酬月額を改定する手続きです。

> **手続きのポイント〈こんなことに注意！〉**
> ◎3歳までの子供を育てる従業員が対象です
> ◎標準報酬月額の改定は随時改定だけではありません

（1）育児休業復帰後の標準報酬月額の改定には、こんな要件があります

　育児休業を終えて復帰をしたり、子供を育てながら働く従業員は、時間の制約があることもあります。休業前より短い時間で働くことを希望した場合、給料も下がることがあります。よって、満3歳未満の子供がいる従業員は、通常の随時改定の要件に関係なく、1等級以上の差があれば標準報酬月額※を改定することができます。

　要件は以下の通りです。

●これまでの標準報酬月額と改定後の標準報酬月額※との間に1等級以上の差があること。

　　※標準報酬月額は、育児休業終了日の翌日が属する月以後3か月分の報酬の平均額に基づき算出します（5月に支払われる給与に変動があった場合は、5月〜7月の3か月の平均額に基づき算出します）。

●育児休業終了日の翌日が属する月以後3か月のうち、少なくとも1か月における賃金の支払基礎日数が17日以上であること。

（2）手続きの方法を教えてください

　「育児休業等終了時報酬月額変更届」を所轄年金事務所へ提出します。決定された標準報酬月額は、1月〜6月に改定された場合、再び随時改定等がない限り、その年の8月までの各月に適用されます。また、7月〜12月に改定された場合は、翌年の8月までの各月に適用されます。

届出書類　：育児休業等終了時報酬月額変更届［様式番号なし］
提出先　　：所轄年金事務所窓口または電子申請
提出期限　：速やかに
添付書類　：不要

【記入例　育児休業等終了時報酬月額変更届】

コラム 【社会保険】3歳までの子供を育てる従業員対象。標準報酬月額が下がる場合にできる手続き

「厚生年金保険養育期間標準報酬月額特例申出書」

　育児休業中の社会保険料の免除等、働く労働者を支援する制度は多いです。この制度もその一つです。

　3歳未満の子供を育てる被保険者や元被保険者は、育児をしながらの勤務になるため、育児を始める前の報酬に比較して低くなりがちです。報酬が低くなるという事は、必然的に社会保険料の等級が低くなるということになり、ひいては将来もらえる老齢厚生年金の額も低くなります。これを解消するために、子供を育てている期間の各月の標準報酬月額が、養育を始めた月の前月の標準報酬月額より低い場合、申出書を提出することによって、元の高い金額の標準報酬月額としてみなしてくれます。これを「3歳未満の子を養育する期間についての年金額計算の特例（厚生年金保険）」といいます。

　対象となる期間は、子供の3歳の誕生月の前月までです（4月15日が誕生日の子供であれば3月までになります）。

　手続きは原則として"事業主経由"で行うこととなっていますが、申出時に該当者がすでに被保険者資格を喪失している場合は、本人が直接所轄年金事務所に申し出を行うこととなっています。

届出書類　：厚生年金保険養育期間標準報酬月額特例申出書［様式番号なし］
提出先　　：所轄年金事務所窓口または電子申請
提出方法　：郵送、窓口持参
提出期限　：速やかに
添付書類　：戸籍謄（抄）本または戸籍記載事項証明書（申出者と子の身分関係および子の生年月日を証明できるもの）、住民票（コピー不可）※（申出者と子が同居していることを確認できるもの）

　　　　　※提出日から遡って90日以内に発行されたものであること

様式入手先：所轄年金事務所または日本年金機構Webサイト

【記入例　厚生年金保険　養育期間標準報酬月額特例申出書】

厚生年金保険　養育期間標準報酬月額特例申出書

届書コード： 2 6 7　処理区分：届

① 事業所整理記号： ほへち 45
② 被保険者整理番号： 99995432110
③ 被保険者の氏名（フリガナ ホッカイ ミチタロウ）： 北海 道太郎
④ 年金手帳の基礎年金番号
⑤ 養育開始年月日： 平成27年06月18日
⑥ 養育特例開始年月日： 平成28年06月18日
⑦ 養育する子の生年月日：平成27年06月18日
④ 養育する子の氏名：北海 道太郎

※⑧標準報酬月額（従前標準報酬月額）：千円

⑩ 被保険者の氏名（フリガナ ホッカイ ミチコ）：北海 道子
⑪ 被保険者の生年月日：0208 25
⑫ 性別： 女2
⑬ 本来勤務していた事業所所在地（船舶所有者住所）：東京都千代田区岩本町1-4-10
　事業所名称（船舶所有者氏名）：株式会社 HOMAI

④のお子について、養育特例の申出を行ったことがありますか。　ある・（ない）

事業主記入欄
　事業所所在地：〒101-0032　東京都千代田区岩本町1-4-10
　事業所名称：株式会社 HOMAI
　事業主氏名：代表取締役　夕焼 流石　㊞
　電話番号：(03) 3865 - 0000

平成28年6月5日に被保険者から申出を受理しましたので提出します。
平成28年6月20日 提出

申出人
　住所：〒170-0014　東京都豊島区○○1-2-3
　氏名：北海 道子　㊞
　電話番号：(03) 1234 - △△■

上記のとおり申出します。
あて先　日本年金機構理事長
平成28年6月5日 提出

○ 記入の方法
　・太わくの枠内に記入してください。
　・記入にあたっての注意事項は別紙「記入上の注意事項」を
　　お読みください。

次の年月日を記入してください。
特例を申請する期間中に、
特例を申請する期間中に、転職等によって、新たに被保険者資格を取得した場合：資格取得年月日
特例を申請する期間中に、育児休業等を終了した場合：育児休業等を終了した日の翌日

被保険者が退職している場合は、事業主の証明は不要です。

被保険者が事業主へ申し出た日を記入してください。
申出人が、すでに会社を退職している場合、
年金事務所または事務センターへ提出した日を記入してください。

勤務していた（た）会社（事業所）
被保険者である日の属する月の前月に
所在地及び名称を記入してください（事業所）の
勤務していた次の会社（事業所）の
養育開始する日の属する月の前月に

8. 【雇用保険】従業員の家族が要介護状態になりました

介護休業を取り、介護休業給付金をもらうときの手続きです

手続きのポイント〈こんなことに注意！〉

◎介護休業の対象者が法律で決まっています
◎介護休業の上限は93日です
◎申請書にはマイナンバーの記載が必要です（参考：第8章）

（1）家族に介護が必要になりました。休業はできますか？

　最近は親族の介護のため長期で会社を休む人が増えてきました。怪我や病気などで一時的に介護が必要になったり、快復の見通しが立たず日常生活全般に介護が必要になったりと様々なケースがあります。一定の条件に合えば介護休業中、給付金を申請することができます。介護休業をとる場合の要件は以下の通りです。

- 雇用保険の被保険者が介護休業をとった場合であること。
- 休業開始前の2年間に、月々働いていた日数（賃金支払基礎日数）が11日以上ある月が12か月以上あること。
- 要介護状態（注1）の対象家族（注2）を介護すること。
- 介護休業期間は最大93日間であること。

（注1）要介護状態：ケガ、病気等により、2週間以上常時介護を必要とする状態
（注2）対象家族：被保険者の配偶者、父母、子、配偶者の父母、被保険者が同居しかつ扶養している祖父母、兄弟姉妹、孫

（2）介護休業給付金っていくらぐらいもらえるの？

　支給対象期間（1か月）当たりの介護休業給付金の支給額は、おおむねもとの給料の3分の2程度です。正確な額の求め方は、以下の通りです。
（平成28年8月1日より給付率が40％→67％に引きあげられます。）

　休業開始時賃金日額※×67％×支給日数

※休業開始時賃金日額とは、「介護休業開始前6か月間の賃金を180で割った額」です。

届出書類　：介護休業給付金支給申請書［様式番号なし］
　　　　　　雇用保険被保険者休業開始時賃金月額証明書
　　　　　　（参考「育児休業給付金」の「雇用保険被保険者休業開始時賃金月額証明書」
　　　　　　と同様の様式です。●ページ。様式右上の"（育児・介護）"の"介護"に丸

　　　　　　を付けてください。
提出先　　：所轄公共職業安定所窓口または電子申請
提出期限　：介護休業終了日の翌日から起算して2カ月を経過する日の属する月の末日
添付書類　：賃金台帳、出勤簿、被保険者が事業主に提出した介護休業申出書、介護対象家族の「氏名」「被保険者との続柄」「性別」「生年月日」が確認できる書類（住民票記載事項証明書等）
様式入手先：所轄公共職業安定所窓口またはハローワークインターネットサービスWebサイト
　　　　　　雇用保険被保険者休業開始時賃金月額証明書は所轄公共職業安定所窓口

【記入例　介護休業給付金支給申請書】

介護休業給付金支給申請書

様式第33号の6（第101条の19関係）（第1面）

（必ず第2面の注意書きをよく読んでから記入してください。）

- 帳票種別：13601
- 1. 個人番号：98769876XXXX
- 2. 被保険者番号：1299-001111-1
- 3. 資格取得年月日：4-200510（平成20年5月10日）
- 4. 事業所番号：9999-000000-1
- 5. 姓（漢字）：夕焼
- 6. 名（漢字）：朝日
- 7. 介護休業開始年月日：4-280201
- 8. 介護対象家族の姓（カタカナ）：ユウヤケ
- 9. 介護対象家族の名（カタカナ）：トウコ
- 10. 介護対象家族の性別：2（女）
- 11. 介護対象家族の続柄：4（配偶者の父母）
- 12. 介護対象家族の姓（漢字）：夕焼
- 13. 介護対象家族の名（漢字）：透子
- 14. 介護対象家族の生年月日：3-180921
- 15. 支給対象期間その1（初日-末日）：4-280201-0229
- 16. 全日休業日数：29
- 17. 支払われた賃金額：0
- 18. 支給対象期間その2（初日-末日）：4-280301-0331
- 19. 全日休業日数：31
- 20. 支払われた賃金額：0
- 21. 支給対象期間その3（初日-末日）：4-280401-0430
- 22. 全日休業日数：30
- 23. 支払われた賃金額：0
- 24. 介護休業終了年月日：4-
- 27. 同一対象家族に係る介護休業開始年月日：4-

上記被保険者が介護休業を取得し、上記の記載事実に誤りがないことを証明します。
株式会社保毎サービス　03-3865-9999
東京都千代田区岩本町1-4-7
代表取締役　保毎太郎
平成28年5月8日

雇用保険法施行規則第101条の19の規定により、上記のとおり介護休業給付金の支給を申請します。
平成28年5月8日　飯田橋　公共職業安定所長　殿
申請者氏名：夕焼　朝日（ユウヤケ　アサヒ）

払渡希望金融機関指定届

- 払渡希望金融機関：ちょこ銀行　スイーツ本店（チョコギンコウ　スイーツ）
- 口座番号（普通）：△△△△△△△
- 金融機関コード：○○○○　店舗コード：○○○

8.【雇用保険】従業員の家族が要介護状態になりました

第8章
マイナンバー制度施行にあたっての流れと注意

1. マイナンバー制度が施行されました。

　2016年（平成28年1月1日）よりマイナンバー制度が施行されました。ちなみに、"マイナンバー制度"とは、「行政手続における特定の個人を識別するための番号の利用等に関する法律の施行に伴う関係法律の整備等に関する法律」によって施行される一連の制度のことを言います。この法律は、巷で「番号法」などと言われることもあります。読者の皆さんは、覚えておくと、ちょっとした"物知り"と自慢できるかもしれません。本書においては、通称である"マイナンバー制度"あるいは、"マイナンバー"と記載をします。

　平成28年1月1日より前までは、マイナンバー制度を導入するにあたって、どんな準備をするかという事が、企業の皆さんの関心事項でした。

　しかし、実際にマイナンバー制度が施行された後は、どのように手続きをすべきか、具体的に様式にはどんな表記が必要がということが、皆さんの疑問点となるでしょう。

　よって、この章においては、第2項で、マイナンバーを取扱にあたっての注意点を、第3項以降で、マイナンバーを記載する実際の様式について解説します。マイナンバー制度施行前に、十分マイナンバーについては、知識を入れ、会社においても準備をしてきたという読者の方は、第3項からお読みいただいてもかまいません。

2. 従業員のマイナンバー、取り扱いの注意

〜マイナンバーのキモは情報漏えい対策と本人確認〜

　会社が従業員や取引先のマイナンバーを使用するにあたって、注意をする場面は以下の4つです。

> ①マイナンバーを取得する。
> ②マイナンバーを利用・提供する。
> ③マイナンバーを保管・廃棄する。
> ④マイナンバーを安全に管理する措置を行う。

　ここからは、それぞれのシーンに応じてどんなルールが定められているかを解説します。

①**マイナンバーを取得する。**

　マイナンバーを取得する際には、以下のルールが課せられています。

　・マイナンバーの取得は、法令で定められた"税と社会保険の手続きに使用する場合の

み可能"です。

- マイナンバーを取得する際には、あらかじめ利用目的をきちんと通知するか公表する必要があります。通知や公表の方法としては、従業員へメール等で通知をする、社内掲示版への掲示を行う等の方法があります。イントラネットを完備している会社であれば、そちらへの公表という形をとってもよいでしょう。
- マイナンバーは本人から取得する必要があります。よって、本人確認は身元の確認を厳格に行う必要があります。なお、本人確認は、対面のみならず証明書のコピーを郵送するという方法でも問題はありません。本人の身元確認は、「個人番号カード」を確認する場合はこのカード1枚で良いですが、個人番号カード以外で確認をする場合には、図表1の2種類の書類が必要になります（下図参照）。

【本人確認の方法】

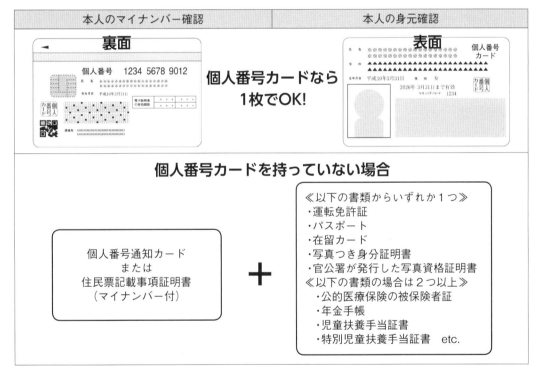

②マイナンバーを利用・提供する。

マイナンバーは"取得する"場合と同様、利用・提供をする場合にも、法令で定められた税と社会保険の手続きを行う場合以外は使用することはできません。よって、マイナンバーを社員番号や顧客管理番号として使用するということは、従業員や顧客から同意があったとしてもできませんので注意をしてください。

"個人番号カード"の裏面には、マイナンバーが記載されます。しかし、法律で認められ

た場合以外でコピーを取ったりしてはいけません。

③マイナンバーを保管・廃棄する。

　マイナンバーの保管と廃棄については、"必要がある場合のみ保管。必要がなくなったら廃棄"と覚えておきましょう。よって、離職した従業員のマイナンバーを延々保管し続けているというような状況はＮＧになります。"必要がなくなったら廃棄"というルールを取扱担当者に浸透させることが重要です。廃棄方法は、シュレッダーなど、復元できないように廃棄できる方法をとりましょう。

④マイナンバーを安全に管理する措置を行う。

　マイナンバーの安全管理措置の目的は、"マイナンバーを含む個人情報の漏えいや紛失"を防ぐことです。ちなみにマイナンバーを漏えいした場合の罰則は、非常に重く４年以下の懲役及び200万円以下の罰金※です。それだけ、マイナンバーが重要な情報であるためです。それでは、会社はどんな安全管理措置を取ればよいでしょうか？

　安全管理措置には、原則として４つの措置があると言われています。つまり〈組織的措置〉〈人的措置〉〈物理的措置〉〈技術的措置〉です。もちろん、会社の規模に応じて措置のレベルは変わります。ここでは、中規模の会社向けに４つの措置の例をご紹介します。参考にして、読者の皆さんの会社の規模に応じた措置を取ってください。

〈組織的措置〉
- 基本方針の策定（個人情報保護に関する基本理念を明確にする／法令遵守・苦情相談等の方針を定める）
- 取扱規程等の策定
- 事務取扱担当者を明確にして、その担当者以外はマイナンバーを取り扱わないようにする

〈人的措置〉
- マイナンバー取扱責任者が事務取扱担当者に対して、監督・教育を行う

〈物理的措置〉
- マイナンバーを扱うスペースにはパーテーションを設置し、担当者以外がマイナンバーを見られないようにする。
- マイナンバーの記載された書類は鍵のかかる書棚等に保存する。

〈技術的措置〉
- ＰＣにウィルス対策ソフトを導入する。
- マイナンバー関係のデータは、担当者以外閲覧できないように、アクセスパスワードを設定する。

※**マイナンバーを漏えいさせた場合の罰則について、正しくは**
　「個人番号利用事務、個人番号関係事務などに従事する者や従事していた者が、正当な理由なく、業務で取り扱う個人の秘密が記録された特定個人情報ファイルを提供した場合」：4年以下の懲役または200万円以下の罰金（併科されることもある）
　「個人番号利用事務、個人番号関係事務などに従事する者や従事していた者が、業務に関して知り得たマイナンバーを自己や第三者の不正な利益を図る目的で提供し、または盗用した場合」：3年以下の懲役または150万円以下の罰金（併科されることもある）
　となります。

3. マイナンバーを利用する社会保険労働保険の手続き

　現在、会社がマイナンバーを使用する場合は、大きく分けて2種類あります。「従業員の給与や福利厚生関係の諸手続き」と「商取引における外注先に報酬等を支払った後の税金関係の諸手続き」です。ちなみに、個人のマイナンバーは12桁であり、法人のマイナンバー（法人番号）は13桁になります。

　とはいえ、マイナンバー制度を施行する政府の真の目的は、「国民が銀行に貯蓄している莫大な資産に税金をかけること」とも言われておりますので、ゆくゆくは、銀行口座に眠っている預貯金や資産にも、前述の2つ以外にもマイナンバーが適用されることは推察されます。平成28年1月1日現在においては、銀行において、マイナンバーの取得をすることは、任意と定められています。将来的には、一元化される可能性が高いとも言えるでしょう。

　「従業員の給与や福利厚生関係の諸手続き」において、会社が必要となる手続きは、具体的に、労働保険（労災保険、雇用保険）・社会保険（厚生年金保険、健康保険）の手続きや源泉徴収票や給与支払い報告書の作成です。社会保険（厚生年金保険、健康保険）については、厚生労働省のシステムの準備の関係で平成29年より施行するという発表がありますので、平成28年1月1日時点に施行される手続き関係で、マイナンバーが必要なものは、労働保険（労災保険、雇用保険）のみになります。

　労災保険や雇用保険についても、マイナンバーの記載の必要なものと必要でないものがあります。雇用保険の様式には、ほとんどマイナンバーの記載が必要となりますが、労災保険においては、年金関係の給付のみに必要となります。つまり、労災保険の短期給付関係は、マイナンバー法施行前と変わらず、記載は不要となります。

　下記に、マイナンバーの必要となる様式を一覧にしましたので、参考にしてください。

<雇用保険>

（1）個人のマイナンバーが必要となる届出

　　　会社が本人確認を行って記載をするもの
　　　・雇用保険被保険者資格取得届
　　　・雇用保険被保険者資格喪失届

　　　　・高年齢雇用継続給付受給資格確認票・（初回）高年齢雇用継続給付支給申請書
　　　　・育児休業給付受給資格確認票・（初回）育児休業給付支給申請書
　　　　・介護休業給付支給申請書
（2）法人番号が必要となる届出
　　　　・雇用保険適用事業所設置届
　　　　・雇用保険適用事業所廃止届

＜労災保険＞
　　・障害（補償）給付支給請求書
　　　障害特別支給金
　　　障害特別年金
　　　障害特別一時金申請書　業務災害用（通勤災害用）
　　　（告示様式第10号／告示様式第16号の7）
　　・遺族（補償）年金支給請求書
　　　遺族特別支給金
　　　遺族特別年金　支給申請書　業務災害用（通勤災害用）
　　　（告示様式第12号／告示様式第16号の8）
　　・遺族補償年金
　　　遺族年金転給等請求書
　　　遺族特別年金転給等申請書
　　　（告示様式第13号）
　　・傷病の状態等に関する届
　　　（告示様式第16号の2）
　　・年金たる保険給付の受給権者の住所・氏名　年金の払渡金融機関等変更届
　　　（告示様式第19号）

4. 雇用保険におけるマイナンバーの取扱い

　雇用保険において個人のマイナンバーの記載を求められる届出の際本人確認は原則、事業主が行い、マイナンバーを記載して下さい。
　（1）「雇用保険被保険者資格取得届」「雇用保険被保険者資格喪失届」「高年齢雇用継続給付」「育児休業給付」「介護休業給付」
　　　手続きをする際にマイナンバーが記載されていない、あるいは、旧様式を使用したた

めにマイナンバーを記載できないという場合は、一緒にもしくは後から、「個人番号登録届出書」を提出する必要があります。記載例は、1名の手続きの際に必要な様式を載せていますが、複数の従業員のマイナンバーを届出する際には、「個人番号登録届出書（連記式）総括票」「個人番号登録届出書（連記式）個人別票」をセットにして提出することもできます。

　平成28年4月現在においては、「個人番号登録届出書」の提出期限は決定されておらず、旧様式にてマイナンバーを記載せずに提出しても、ハローワークでは受理をしてくれます。しかしながら、いつまでこの状態が続くかわかりません。ある日突然、マイナンバーを記載していなければ、書類は受理できませんという事になるかもしれません。よって、今から、きちんと用意をしておくことをお勧めします。

【記入例　個人番号登録届出書】

個人番号登録・変更届出書

標準字体：0 1 2 3 4 5 6 7 8 9
（必ず第2面の注意事項を読んでから記載してください。）

帳票種別：10701
1. 届出区分：1（1 新規 / 2 変更）
2. 個人番号：1 2 3 4 7 7 7 9 9 9 5 5
3. 変更前個人番号：（空欄）
4. 被保険者番号：3547-871234-5
   日雇被保険者番号：（空欄）
5. 氏名（カタカナ）：アキタニ　ユタカ
6. 性別：（空欄）（1 男 / 2 女）
7. 生年月日：3-551007（2 大正 3 昭和 4 平成）
8. 事業所名：株式会社ホマイ

メモ欄：
1欄の個人番号の提供に関し、上記の事業主を代理人と認めます。

上記のとおり雇用保険被保険者の個人番号について届けます。

住所：千葉県市川市 □□ 1-1-1
事業主又は本人　氏名：株式会社ホマイ　代表取締役　堀　豊子　（代表者印）
電話番号：047-●●●●-●●●●

社会保険労務士記載欄：作成年月日・提出代行者・事務代理者の表示／氏名／電話番号

平成 28 年 4 月 1 日
公共職業安定所長　殿

所長／次長／課長／係長／係／操作者

備考

（この用紙は、このまま機械で処理しますので、汚さないようにしてください。）

5. 労災保険におけるマイナンバーの取扱い

　労災保険については、年金に関する請求書のみにマイナンバーの記載が必要となります。もともと労災保険関係の給付は、法律上"本人が直接提出をすること"になっているため、マイナンバーは、原則として本人が請求書に記載をすることになっています。

　実務上、労災保険関係の請求書は、会社が本人に代わって行うことが多いため、上記の表現には違和感を持つ方も多いかもしれません。しかしながら、会社が手続きを行うのは、法律上あくまでの本人の委託を受けて行っているにすぎないのです。

　よって、本人が請求書に記載をすることはもちろんのこと、それができない場合、もしくは会社が本人から委託を受けて手続きを行う場合は、会社は

1. 委任状を添付すること
2. 労災保険に係る請求書などの作成や提出等の手続きにおいて、マイナンバーを利用する必要が亡くなった場合は、速やかに廃棄または削除をする

必要がありますので、十分に注意をしてください。

　とはいえ、上記2を受けて、請求書関係は、まったく控えを残せないのか、と言われればそうではなく、マイナンバーの部分を隠すなどしてコピーをして、マイナンバーが写しに残らないようにすれば、請求書そのものの保管は可能です。

　ちなみに、労災保険の年金関係の書類を提出する際に添付する委任状の記入例を記載しますので、参考にしてください。

【記入例　労災保険委任状】

委　任　状

（代理人）　所　在　地　　千代田区岩本町1-4-7

　　　　　　事 業 場 名　　株式会社保毎サービス

　　　　　　代表者職氏名　　代表取締役 保毎太郎　㊞

私は、上記の者を代理人と定め、下記の事項を委任します。

記

次に掲げる労働者災害補償保険法による年金たる保険給付の請求書等の作成及び提出に係る権限。

1. 遺族補償年金支給請求書（告示様式第12号）
　　　└---- 請求書等の種類を記入

平成28年 5月 6日

（委任者）　住　所　　千葉県船橋市本町●-●-●

　　　　　　氏　名　　波雪　節野　㊞
　　　　　　　　　　　　└---- 自筆の場合は押印不要

假谷 美香（かりや みか）

グリーン社会保険労務士事務所所長（特定社会保険労務士）
中央大学商学部卒業、会社員、果樹の生産農家、農業ベンチャー設立を経て現職。
社会保険適正化、労務管理、採用・人材育成対策など、人事労務のスペシャリストとして多数コンサルティングを行っている。

古川 天（ふるかわ ひかり）

社労士事務所T.E.N所長（特定社会保険労務士）
大学卒業後、地元新潟の一部上場企業（ホームセンター）に就職。
結婚後3年半の専業主婦を経て、社会保険労務士事務所に再就職。
平成18年社会保険労務士登録、平成26年特定社会保険労務士付記。
特に給与計算業務を得意とし、同業者向けに勉強会を主催している。

マイナンバー・28年新法対応済み
ライフイベント別

社会保険・労働保険の届け出と手続き

初版年月日	2016年5月14日
編集者	假谷美香・古川 天
発行所	㈱保険毎日新聞社
	〒101-0032 東京都千代田区岩本町1-4-7
	TEL03-3865-1401／FAX03-3865-1431
	URL http://www.homai.co.jp
発行人	真鍋幸充
編集	内田弘毅
編集協力	金田奈津子（グリーン社会保険労務士事務所）
デザイン	中尾剛（有限会社アズ）
印刷・製本	有限会社アズ

ISBN 978-4-89293-271-7　C2034
©KARIYA Mika（2016）／FURUKAWA Hikari（2016）
Printed in Japan

本書の内容を無断で転記、転載することを禁じます。
乱丁・落丁はお取り替えいたします。